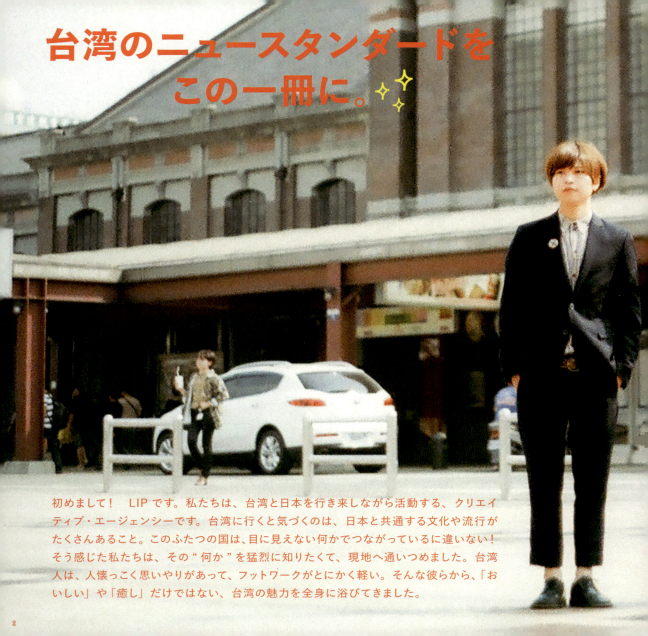

台湾のニュースタンダードを
この一冊に。

初めまして！ LIPです。私たちは、台湾と日本を行き来しながら活動する、クリエイティブ・エージェンシーです。台湾に行くと気づくのは、日本と共通する文化や流行がたくさんあること。このふたつの国は、目に見えない何かでつながっているに違いない！そう感じた私たちは、その"何か"を猛烈に知りたくて、現地へ通いつめました。台湾人は、人懐っこく思いやりがあって、フットワークがとにかく軽い。そんな彼らから、「おいしい」や「癒し」だけではない、台湾の魅力を全身に浴びてきました。

案内役☞田中佑典(ゆうすけ)・西山美耶(みや)

私たちLIPにとっての台湾は、この本にすべて詰まっています。紹介するものは、人気の観光スポットや、新着の情報に限りません。でも、自分たちの足で歩き、たくさんの人と出会い、時に失敗もしながら知り得たことばかりです。"旅行にピッタリの隣国"ではおさまりきらない魅力を、この本で皆さんにお伝えできたら嬉しいです。さぁ、台湾に行きましょう。自分だけの「新しい台湾」を探しに。

○ 入門

- 序説　はじめに P.2
- 基礎　台湾ってどんなところ？ P.10
- 準備　準備するもの P.12
- 金銭　お金について P.13
- 移動　現地に着いたら P.14
- 緊急時の連絡先・本書のルール P.16

1 台湾人

- 台湾人的常識 P.18
- 怪怪der P.20
- 台湾人新ジャンル P.22
- 家 P.24
- 猫 P.25
- 恋愛 P.26
- 台湾的婚禮 P.28
- 電視・電台 P.30
- 衣食住行 P.31
- 《番外編》台湾人的LIP案内 P.32

 **雑貨**

Made in Taiwan　生活に台湾をプラス　P.34
跳蚤　ガラクタは宝物　P.36
服飾雑貨　服飾材料を買うならココ！　P.38
雑貨店リスト　P.40

 **空間**

咖啡店　味だけではない！　台湾カフェの魅力　P.42
歴史的建築　日本の痕跡を見に行く　P.44
書店　本屋に行こう　P.46
発信場　台湾カルチャーと出会い、つながる各地のオルタナティブ空間　P.48
BAR　どこまでも自由　台南の夜に行きたい　P.49
空間リスト　P.50
《番外編》国際藝術村　都市にそびえ立つアートの解放区　P.52

 **食**

飲料・甜點　欲ばりドリンク＆スイーツ　P.54
夜市　おいしいネタの宝庫・台湾夜市　P.56
包　馴染みのない「包」もぜひ!!　P.58
飯　小ぶりの茶碗で一気に食らう台湾飯　P.60
麺　台湾の汁なし麺が好き　P.62
鍋　台湾の鍋はシチュエーションが肝　P.64
熱炒　お酒を飲むなら、台湾式居酒屋へ　P.66
麺包　世界でもハイレベルのパンを　P.68
速食店　台湾オリジナルのファストフードを食べる　P.69
超市　台湾の超市（スーパー）活用術　P.70
便利商店　コンビニのベストヒットはこれ！　P.71
食リスト　P.72
《番外編》台湾語を使ってみよう　P.74

伝統芸能	迫力満点 台湾百年来のパフォーマンス **P.76**
美容	伝統美容で、リフレッシュ！ **P.77**
廟	龍山寺でパーフェクトな参拝をマスターしよう **P.78**
郵局	台湾から手紙を送ってみよう **P.79**
ＫＴＶ	こんなにゴージャス!? 台湾式カラオケ **P.80**
游泳池	台中のプールでバカンス **P.81**
体験リスト **P.82**	

環島	7日間でできる台湾一周　LIPのおすすめコースはこれ！ **P.84**
台湾紅茶の名産地	絶品！ 有機栽培の紅茶を味わう **P.86**
台東の音楽村	多様な音楽……でもそれだけじゃない！ **P.87**
台南の自然と遊ぼう	こんな景色、見たことない！ **P.88**
海へ行こう	台湾随一のオーシャンブルーは必見 **P.89**
パワースポット"龍虎塔"	湖に高くそびえる神秘タワー **P.90**
巨大寺院"金剛宮"	驚愕！ 台湾一カオスなお寺 **P.91**
「歌仔戯」の博物館	伝統戯曲の真髄を味わう **P.92**
民宿	ひと味違う宿選び **P.93**
民宿リスト **P.95**	

7 文化

- 電影　映画カルチャーを知る　P.98
- 音樂　台湾カルチャーの玄関口　P.100
- 書籍　ブックカルチャーを覗いてみよう　P.102
- FASHION　台湾ファッション新時代　P.104
- 擺攤　バイタンカルチャーとは何か？　P.106
- 上載　アップロードから生まれる　次世代カルチャー　P.108

8 学習

- 語学　台湾人と話をしよう！　P.110
- 入門編　ここから話そう！　P.112
- 応用編　シーン別の会話をマスター　P.114
- 現地で役立つ単語リスト　P.116
- 歴史　年表　P.118
- 台湾MAP

入門

まずは基本から。日本とどれくらい離れている？ 暑さ、寒さは？ 何語が公用語なの？ 何を持って行ったら良い？ 移動手段はどんなものがある？ トラブルに見舞われたらどうする？ 本章に一度目を通しておくと何かと安心です。

台湾ってどんなところ？

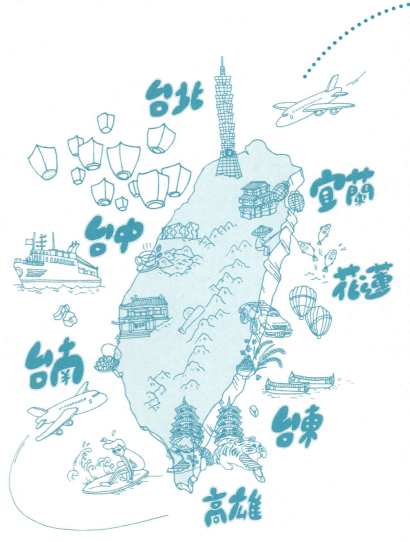

人口

約2,350万人。首都・台北に加え、新北も含めた都市部の人口は約700万人。郊外から台北へ通勤する人が多く、ラッシュ時は道路も鉄道も大混雑する。

面積

36,193.6 ㎢。九州よりわずかに小さく、5つの山脈が島の半分近くも占めている。島のほぼ中央に北回帰線が通っていて、北部が亜熱帯、南部が熱帯に分けられる。

言語

台湾の標準語は、北京語。ただし、中国大陸で話される言葉とは、発音や言い回しに違いがある（詳しくはP.110参照）。あいさつは、英語由来の「嗨(Hi)」や「拜拜(Bye bye)」を使う。

山や海に恵まれた美しい島、台湾。伝統を守りつつ、台北を中心に経済も文化もどんどん発展する。「ゆったり、ほっこり」と形容されがちだが、実はそのイメージの裏にあるアグレッシブな勢いこそ、台湾の新しい魅力だ。

3時間！

日本との時差は1時間！
沖縄県の与那国島から約110km

渡航

リピートするなら、LCCがいい。機内食はないけど、東京・台北間はたった3時間、我慢できるのでは？ 安い便は早朝や深夜の発着が多いので要注意。

ベストシーズン

3〜5月は気候がよくて◎。秋晴れの10〜11月も狙い目。5〜7月の梅雨、8〜9月の台風シーズンは避けたい。旧正月（1月末か2月頭）も台湾全土がお休みモードで旅はしづらい。

通貨

通貨は、ニュー台湾ドル。1元＝約3.5円。表記は「元 (yuán)」だけど、口語では「塊 (kuài)」と発音する (P.111)。例：「100元」→「一百塊 (yì bǎi kuài)」

台湾人と日本人の友好

かつて台湾は50年間、日本の統治下にあった。当時の名残りは産業や文化、建物など至るところで見られ、日本語を話すお年寄りも多い。過去の出来事に対する、それぞれの想いがあることを認識しておこう。近年では、両国の友好がニュースに。東日本大震災の直後、日本は台湾から200億円の義捐金を受けた。その後、ワールド・ベースボール・クラシック予選の台日戦では、日本人が横断幕やプラカードで感謝を伝え、台湾チームは深々とした「お辞儀」で応えた。人の往来も年々増えている。個々の出会いやつながりから、友好の和を広げよう。

準備するもの

荷物は最低限にして、軽装で行くのがおすすめ。足りないものは現地で安く買おう。台湾全土にあるファストファッション「NET」、ドラッグストア「屈臣氏 Watsons」、「康市美 COSMED」、コスメショップ「寶雅 POYA」を利用するとよい。

日本から持っていくもの

- ☐ かばん
- ☐ パスポート
- ☐ 財布
- ☐ 現地で使う小銭入れ
- ☐ 携帯電話
- ☐ カメラ
- ☐ 筆記用具・地図
- ☐ 着替え・洗面用具
- ☐ 台湾人へのお土産
  おすすめは、日本製の薬（虫さされ薬やかゆみ止め、胃薬）、市販のお菓子、調味料。
- ☐ 常備薬
- ☐ 虫さされ薬
- ☐ 制汗シート
  台湾には制汗シートが売っていない。

不要なもの

- ・変圧器…電圧は110V/60Hz。日本の電化製品が使える。

現地で調達するもの

- 地図 ☐ まずは地図を買おう（コンビニで買える）。お気に入りの場所は書きこんで、行くたびに更新するのが楽しい。
- Tシャツ ☐ 高温多湿の台湾で、Tシャツは1枚でも多くあると便利。
- サンダル ☐ 雨の日はあえて裸足にサンダル、が台湾の常識。
- カッパ ☐ 急な雨が多い台湾。傘を持っていなくても、ドラッグストアでカッパを買えばOK。
- スキンケア ☐ スキンケア用品は、持ち歩くと案外重い。そこで、安くて効果抜群のパックやニキビシールを代用しよう。
- お土産を入れる袋 ☐ あれもこれも、と買い物をして帰りの荷物をまとめるのに困ったら？ 雑貨屋で100元の大きい袋を買おう。

お金について

現地での最初のミッションは、ニュー台湾ドルを手に入れること。台湾では、硬貨だけを使う機会が圧倒的に多い。日本から小銭入れを持参すると便利。旅の記録とともに、何にいくら使ったか、メモを取ると次回に活かせる。

両替

現地の空港で両替所に寄ろう。街の銀行は土日祝日が休み、平日も9〜15時半しか開いていないので注意。一部ホテルやデパートでも両替できるが、手数料がかかったりレートが悪いので緊急時に。

・いくら両替すれば足りる？
台湾では、1日1万円あれば、食事にショッピングに十分楽しめる。クレジットカード不可の店もあるので、なるべく現金を持ち歩くとよい。初回は、空港で3万円ぐらい両替しておけば安心。

節約術

せっかく来たら、おいしいものをたらふく食べて、お土産もたんまり買いたい。そこで役に立つ、節約術をご紹介。

・「買一送一」を見つけよう！
ひとつ買ったらもうひとつプレゼント、という意味だ。食料品や消耗品のまとめ買いをするときにお得。ちなみに商店でよく見かける「折」という字は掛け率のこと。6折＝4割引。

・悠遊卡だと電車賃2割引き
日本と同じように、台湾でも切符を買うより、カードのほうが運賃が安い。悠遊卡は、バスやコンビニでも使えるので、チャージしておくと何かと便利。台湾リピーターなら、とっておけば行くたびに使える。

・MRTとタクシーをうまく使いわけよう！
台北市内をまわるなら、発達したMRTを使うのが便利。地図やアプリを使って下調べして、最寄駅まではMRT、そこからはタクシーを使うと節約に。

物価

ニュー台湾ドルは1元＝約3.5円。価格×3.5で、日本円での感覚をつかもう。最近は、台北を中心に物価がどんどん上昇中。特に輸入ものの衣服や生活用品は驚くほど高い。
（台北の物価調査）
2016年5月現在（LIP調べ）
タクシーの初乗り＝75元
MRTの乗車賃＝20元〜
ペットボトル飲料＝25元
カップラーメン＝40元
パン1個＝30元
屋台の水餃子＝10個50元
マンゴー1つ＝90元
スターバックスラテ（Tall）＝105元
ユニクロ　メンズTシャツ＝390元
アルバイトの時給＝120元〜

台北で過ごす1日 1万円でできること

朝起きてから夜寝るまで、どこへ行って、何を食べて、何を買って……と、私たちがどんなことにお金を使ったか、リストアップしてみた。旅のシミュレーションをしてみよう。

[午前]
朝食に小籠包と豆乳＝100元
MRT悠遊卡チャージ額＝100元
北投の瀧乃湯で温泉に入る＝100元

[昼]
炸醤麺と蒸し餃子を食べる＝150元

[午後]
アートスポット「華山」を散策＝0元
カフェで一休み＝150元
中山エリアで雑貨のお買い物＝500元

[夜]
京劇鑑賞＝550元
火鍋を食べる＝500元
夜市で果物ジュースや屋台フード＝200元
深夜の誠品書店、雑誌1冊＝100元
ゲストハウスに宿泊＝600元

合計で2850元（＝約10,000円）！

現地に着いたら

初めて訪れる地では、目的地への移動に一苦労。でも、自力で辿りつけると喜びは大きい。さらに、距離や時間を見て、ぴったりの手段が選べるとなお、気持ちいい。巻末の地図と路線図も活用してみてほしい。

空港→市内へ移動する

台北 松山空港に到着したら?

まずは中心部まで行こう。荷物が多ければ、タクシーが便利。松山空港から台北市内まで約20分200元ほど。そのまま身軽に出かけられるなら、地下鉄・松山機場駅でMRTに乗ろう。

台北 桃園国際空港に到着したら?

桃園空港は台北郊外にあり、市内まではタクシーで約45分1000〜1200元ほど。おすすめは、本数の多いバス(客運)。安価なのは「國光客運」で、台北駅(台北車站)まで約1時間125元。

高雄国際空港に到着したら?

日本から台湾南部に直行するなら高雄空港へ。高雄市内には、地下鉄・高雄國際機場駅からMRTに乗ろう。台南へ移動する場合は、電車なら高雄駅(高雄車站)から特急「自強號」で約30分107元。

台北市内を散策する

捷運 / MRT(地下鉄)

台北と高雄には、地下鉄(捷運、MRT = Mass Rapid Transit の略)がある。新しい路線が開通し、アクセスできる範囲が広がった。MRTの初乗りは20元。

●「悠遊卡」をゲットしよう
・各駅の窓口や自動販売機で、1枚500元で購入できる(うち100元はデポジット料金)。台北駅の悠遊卡カスタマーセンターかコンビニでは、特別料金200元(デポジット含む)なのでお得。
・加値機(チャージ機)で100元からチャージできる。
・切符より、運賃が2割引。

● MRTでは、飲食禁止!
台湾のMRTは、改札の手前よりガムや飴、ドリンクなどすべての飲食禁止。日本の地下鉄とはルールが違うので、注意。

計程車(タクシー)

地図を見ながら歩いてまわると、体力の消耗が激しい。そんなとき、街を走る黄色いタクシーは初乗り75元と安いので、つい誘惑に負けてしまう……。

●タクシーのドアは自動ではない
台湾のタクシーのドアは、乗客が自分で開け閉めをする。待っていても開きませんよ!

●ラッシュ時は、避けること
台北では、朝夕のラッシュ時は道が大混雑。渋滞にはまると、予定が大幅に狂うので注意。

●筆談できる強みを活かして!
行き先は書いて伝えるのが一番。年配の運転手にスマホの画面を見せると「見えないよ!」と押し返されてしまうことがあるので、メモ帳に大きく書こう。

台北から地方に出かける

高鐵（新幹線）

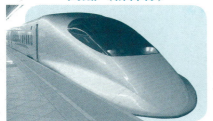

最高時速315km！ ハイスピードで南北を結ぶ新幹線は、遠方へ行くなら便利。車体は日本の新幹線700系を採用しているので、見慣れた車内に落ち着くかも。

●台北駅から新幹線に乗る
台北駅（台北車站）には、地下鉄、在来線(TRA)、新幹線の駅が集合している。新幹線に乗るなら「高鐵」の看板を目指そう。

●桃園空港から南部へ
飛行機で桃園空港に到着し、その足で新幹線に乗るなら高鐵桃園駅へ。台中まで約40分 540元、台南まで約1時間半 1,190元、高雄（左營駅）まで約1時間半 1,330元。

●高鐵の駅は市街地が遠い
新幹線を降りたあと、移動がちょっぴり面倒だ。高鐵台中駅から、市内までタクシーで30〜40分。高鐵台南駅から、市内まで在来線で約20分、高鐵左營駅から、市内までMRTで15分。

客運（長距離バス）

長距離移動には、バスを利用するとお得。ただし、渋滞や多少の揺れには我慢が必要。車種によっては座席が広々としていて、テレビを設置していることも。

●台北駅からバスに乗る
台北駅には、長距離バスのターミナル「台北轉運站」がある。乗車券を買い、各地域へ。

●宜蘭・台中へ行くならバスが◎
台北から宜蘭に行くなら、約40分で約120元。台中に行くなら、約2時間半で約260元とお手頃。街の中心である台中駅（台中火車站）前に停車するので、移動が楽なのもいい。

使いこなせばもっと便利！

台湾といえば、道がバイクでごった返すのをイメージする人も多いだろう。実は近頃、環境への配慮から、シェアサイクルが普及し始めている。"You bike"は、2009年にスタート。レンタサイクルのように借りた場所に返す必要がなく、点在する専用駐輪所に返せばいいという気軽さから、使用者はどんどん増加中。ちなみに、台中にはi Bike、高雄はC Bikeという名前のシェアサイクルがある。登録制なので、上級者向けだけど、リピーターにはおすすめ。

緊急時の連絡先

- 警察（中国語）：110 番
- 救急・事故・火災など（中国語）：119 番
- 番号案内（市内、中国語）：104 番
- 番号案内（市外、中国語）：105 番
- 番号案内（英語）：106 番
- 専門オペレーターによる番号案内：100 番

パスポートを紛失・盗難したら？

- 交流協会台北事務所：台北市慶城街 28 號通泰大樓 1F
  TEL (02) 2713-8000　FAX (02) 2713-8787
- 交流協会高雄事務所：高雄市苓雅區和平一路 87 号 10F
  TEL (07) 771-4008　FAX (07) 771-2734

本書のルール

- 2 章「雑貨」、3 章「空間」、4 章「食」、5 章「体験」で紹介しているお店や施設の住所は、各章の終わりにあるリストに載せています。
- 住所のあとの記号は、巻末の地図と対応します。例えば「P.3 A-1」なら、その場所が地図ページの 3 ページに載っている地図の、タテ軸 A、ヨコ軸 1 に位置していることを示しています。
- 中国語の単語や文章に、アルファベットが付いているところがありますが、それらは発音記号です。P.110-111 で、初歩的な発音方法について解説していますので、それにならって活用してみましょう。
- 本書に載せた情報は、すべて 2016 年 5 月現在のものです。

気づけば一年の大半は台湾で過ごしている。通って通って、現地にどれだけ馴染んでもなお、外から来た者の目は持ち続けたい。私たちが台湾人の生活を覗いて、驚いたこと、面白かったことを絵と文章でまとめた。

台湾人的常識

台湾の常識を知る!!　　台湾人にとって当たり前の習慣やルールをちょっとおさえておくと、現地でのとっさの振る舞いやコミュニケーションに役立つかも!!

コミュニケーション会話

こんにちは!!

- **遅刻は気にしない!!**
台湾人は時間にルーズなところがある。約束の時間に現れなくても、気長に待とう。互いの関係が深くなった証かも?! 台南のカフェでは、着我の営業時間に「着心情高」つまり「気分次第」と書いているくらいだが…。

- **台湾人の「はぁ?!」は気にしない!!**
台湾人に「はぁ?!」や「は?!」と聞き返されることがある。これは怒っているのではなく、「なあに?」くらいのいたって普通のニュアンス。

街角で

- **コンビニのレジ袋は有料!!**
台湾ではコンビニ袋も有料（1〜2元）。希望しないと袋に入れてくれないのだ。でも、袋に入れず手で持って帰るのが台湾らしくて好きだ!!

- **トイレで紙は流さない!!**
基本的にはトイレで紙を流さないのが台湾。排水管が細いから、ティッシュが水に溶けないからなど諸説あるみたいだ…。

- **エスカレーターは右側に立つ。**
エスカレーターは右側に立つのが暗黙のルール。日本の関西地方と同じだね。

食事で

- **冷えたお弁当やご飯は食べない。**
台湾ではすべてのお弁当が温かい!! 日本人が冷えたお弁当を食べているのをみておどろかれることもあるのだ!! そんな台湾人が日本の駅弁を初めて食べて、「日本のお米は冷めてもおいしい」と感動していたのは印象的だった!!

- **食卓の残飯やお皿は自分で片付けない。**
台湾では食事の時、肉や魚の骨や果物の皮を大胆にテーブルに散らかさせるのは、決してマナー違反ではない。帰りに、必ずニッコリ笑って「好吃!!」と伝えてみよう!!

- **缶ジュースはストローで**
コンビニで缶ジュースを買うと、「ストロー要りますか?」と聞かれる。缶ジュースに直接口をつける習慣はないのだ!!!

なまえでは!??

- **台湾では一生のうち2回名前を変えられる!!**
台湾では2回名前を変えられるらしい!! ただ実際に変える人は極めて少数のよう。また親がよしで子供の名前を変えることもある。

- **みんな英語名のニックネームがある!!**
中国語の名前は外国人には覚えにくく、発音しづらいので、英語名のニックネームをもつ人がダタい。苗字の種類が少なく、同じ苗字の人が多いから呼びやすいように、という説もある…

その他

- **ご恩には必ずお返しを!!**
台湾人はおもてなしが得意。友人に食事をごちそうになったりおごってもらったりしたら、ありがたくご恩を受け取り、必ずお返しをしよう!!

- **若者の高い投票率!!**
台湾の投票率は70%以上と、日本に比べてとても高い。若者も選挙には非常に関心を持っていて、愛国心やアイデンティティーの強さを感じる…!!

怪怪der
台湾人の変なところを愛する。

台湾人の変なところをあつめてみました。「怪怪der」＝(グァイグァイダー)とは、台湾の若者言葉。「怪怪」＝「変だ」という言葉にderをつけることで、「変じゃねー?!」というニュアンスになる!!
台湾人の変なところはいっぱいあるけれど、なぜか愛おしい!! 現地でこんなシーンをみかけたら「怪怪der〜!!」と声をかけてみようー!!

え!! 自転車なのに「TAXI」?! 本当に営業してたらぜひのってみたいものだ…

怪怪der
マネキン
ものすごくシュール!! 西洋人の顔立ちのイケメンのマネキンが全員同じ向きのポーズ、どや顔でオジさんっぽい服を着こなしている。おみごと!!

ゴチャゴチャ…
店に入るととってもゴチャゴチャ!! 漢方などを取扱っているな。足のふみ場もないカオスな空間でビニール袋がたくさん!! でも大人気の店。謎。

台湾人新ジャンル

街で発見!!

台湾には特徴的な人たちがたくさん!!
あなたはどれだけ出会えるか?!

文青 =文芸青年
特徴は、日本のサブカル好き男女!!
ボーダーの服を着て、一眼レフのカメラ、黒ブチめがねに、村上春樹大好き。よく無印良品にいる。

型男 =イケメン
甘いマスクに、ムキムキの体
高身長に、タイトめなTシャツ。
東区などのファッション街によく出没。
時折みせる笑顔がステキ。

知青 =知識青年
社会学、哲学が好きなアカデミックな人々。
本屋、大学、図書館によく出没!!
鋭い批評で相手を論破する!!

宅男宅女 =オタク
家にこもって、マンガやゲームをずっとしている。
台湾のアニメイトやコミケに出没。
探究心はとてもすばらしい。
日本のアニメもとてもくわしいのだ!!

憤青 =憤怒青年
社会運動やデモによく参加!!
メガネ＆ミリタリーブルゾン(M-65)を着ている。口癖は「我愛台湾」。
アイデンティティーの主張がすごい。

台客 =ヤンキー・チンピラ など
台湾語のなまりが強い、チンピラ風の人々。
改造した車やスクーターにのって登場。
夜市や夜道によく出没。
檳榔の消費量がとても多い…!!

辣妹 ＝ギャル
ピタピタのボディコンのような、露出度の高い服を好むギャルのことを辣妹(ラーメイ)と呼ぶ。とてもセクシーで、ヘアスタイルもワンレンの黒髪であることが多い。夜市でたくさん見かける!!
カラコンの大きさはギネス級。

上班族 ＝サラリーマン
台湾のサラリーマンはスーツは着ない。キチンとした服装でもジャケットを着ることは少なめ。朝のMRTによくいらっしゃいます。台湾経済を動かす人々です。
「いつもお疲れ様です!!」

装可愛 ＝ぶりっ子
ロリ系ファッションで、前髪パッツンのぶりっ子な女の子。台北の西門によく出没!!ぶりっ子言葉をあやつり、声も高め。自分が可愛く見える角度をよく知っていて、自撮りはすばらしい技術を持つ。

低頭族 ＝スマホ中毒
最近は若者だけではなく、年齢問わずSNS普及率が高い台湾。常に下を向いてスマホを操作する人々を低頭族という。SNSやゲームに熱中していることが多い。MRTの中や歩道!!と、どこにでも出没。

魯蛇 ＝ニート
主に1人で行動し、パソコンが得意。冷めた態度が特徴だ。出没地は不明…。

擺攤族 ＝フリーマーケット出店者
手には常にキャリーケースを持ち、中にはハンドメイドの商品をたくさんつめ込み、各地のマーケットに出店しつづける!!!
服装もおしゃれで見習いたい。

♡装可愛♡のぶりっ子言葉ひと口メモ♡

- おはよう＝早安♡→早灣♡
- ありがとう＝謝謝♡→穴穴♡
- かわいい＝可愛♡→口愛♡
- いらない＝不要♡→鼻要♡

メールの文章などに加えて使ってみてね

家

台湾の家を訪問する!!

台湾人の友達ができたらあそびに行ってみよう

日本との違いが色々!!

なるほど…

台北の集合住宅は高級マンションでない限り エレベーターがない。特に台北は土地が高いため、ほとんどの人が賃貸。台北の隣の新北市に住む人も多い…!!

アレが無い?!

なんと、浴槽なしのユニットバスが一般的なのだ!! そのため、シャワーを浴びるといつも床が水びたしになる。でも床が排水口に向かって傾斜がついているので乾き易くなっている!!!

つるつる〜!…

台湾の家には日本の家くのような「玄関」!!というきっちりした場所はない。家の入り口に「だいたいココが玄関」のようなところでくつをぬいで入る。床も特徴的で、石のような材質の冷たくてつるつるしている家が多い!!

さすが!!

台湾には暖房がない!!

台湾の冬は日本より暖かいので、家の中に暖房が無いことも…。寒い日は部屋で厚着して過ごすこともあるのだとか…。

OK!!

ペットOKのお家ばかり。そのためペットを飼っている人が多いのだ。

鉄の扉と薄い扉の二重扉が台湾の家の特徴の1つ。

ふむふむ

ほう!!

恋愛

台湾に何度も通っていると、台湾人同士のお付き合いの仕方にビックリすることがある!! ということで、ここでは超!! 私的考察ではありますが、台湾男女の行動を分析してみることに。…もちろんあてはまらない方もいるとは思いますが、ご参考までに…。

● 台湾ボーイとガールの不思議な カンケイ ●

台湾ガールをみていて一番に思い浮かぶのは『お姫様』というワードだ!!
例えば日本の場合、食事で大皿に盛られた料理を女子たちがテキパキと取り分ける姿をよく見る。しかし台湾では、男子が率先して取り分け、飲みものを準備し、更には殻がついた貝なども食べやすいように取ってくれるのです!! まさに姫!!!!
男子はもちろん重い荷物だって持ってくれるし、車に乗るときも助手席のドアを開けてくれる。送り迎えは当たり前。学校や職場、友人と遊んだ帰りまでお迎えに来てくれる。いつ何時も男たるもの気は抜けない!!!!!

万が一電話やメールが遅れたり、返信しなかったりすると大惨事になってしまう…。そんなレディーファーストで紳士な台湾ボーイの姿は、日本人の私にはとても新鮮。カップル同士もとても仲良く、何組かのカップル同士でのダブルデート・トリプルデートもよく見かける。…その流れか、何組かのカップルで一緒に暮らしたり、彼氏・彼女のいないフリーの男女が一緒に暮らすなど、常に皆と一緒にいるのが好きなんだなーとつくづく感じる…。でも、グループ行動が多いので、その中で別れたりしたらどうするのかなぁーってつまらない心配をしてしまう私です。

台湾の女子はすごい!! そして強い!!

ふむふむ

台湾的婚禮

台湾人の結婚式は、婚約式と結婚式の計2回!!
婚約式は新婦のご両親によって、結婚式は新郎のご両親によって
行われるのです。婚約式は、両家の親族だけが参加することが多いけど
結婚式(披露宴)は「私たちも出席するチャンス!!」〜!! 今後、もしも結婚式に
お招ばれしたら役立つポイントをおさえておこう!!

恭喜!!

台湾の結婚式

→ 訂婚 (婚約式/新婦の両親がイチラ)
→ 婚禮 (結婚式/新郎の両親がイチラ) → 披露宴のみ

ご祝儀
台湾も日本と同じくご祝儀を持参する。
ポイントは↓以下の通り。
- 必ず紅包を使用する。紅包とはお正月のお年玉を入れたり、おめでたい日時にお金を包むあかい封筒のこと。コンビニでも購入可◎
  白い封筒はお葬式用のため、絶対NG!!
- 紅包のオモテ面に祝福言葉を書く。→ (例)
  - 百年好合 → 長く仲良く
  - 佳偶天成 → 仲睦まじい夫婦は大神の心される
    たことである。

服装
- 日本にくらべるとかなりカジュアルな服でOK!!
- 男性は白ネクタイはNG。
- 白っぽい服装は基本OKだが、花嫁とかぶるのであまりよろしくない。

結婚写真は本気度MAX!!
台湾の人は結婚写真をとにかく
こだわり抜き、そのクオリティーにビックリさせられる!
海外に行って撮影をしたり、衣装は何パターンも。
とにかくロマンティックな写真が多いのだ!!

台湾の友人ができたら、一度みせてもらってみよう!! きっと、ステキな写真がみられるはず!!

28

結婚式当日のようす…

《肩肘張らずにみんなで楽しめる披露宴!!》

- 参加者みんなで大皿のご飯を食べる宴会のような感じ。服装もカジュアルなので、かなりラフな雰囲気。
- 開始時間と終了時間が曖昧。ゲストはいつ到着してもOKなのだ。
- 新郎新婦と同じテーブルに家族が座る。
- ペットも参加OK!!（ビックリ!!）
- 新郎の家族は披露宴の最後までいてはいけない。

「ご飯を残さずに食べる」は中国語で「吃到到」。この発音は台湾語では「吃死死」。これは妻が夫の言いなりになるという意味を持つ。そのため、新郎家族がテーブルに並んだ食事をわざと残して先に退出することよって新婦側は安心して嫁を送り出せるのだ。（→地域や場所によって異なる部分もあります。）

（シャー、ピタッ、ワンワン）

披露宴が終了したら、夕食りのご飯をビニールなどに入れて持ち帰る人もいました。

宴のごちそう!!
ご飯の残り

会場はとてもざっくばらんな感じで、みんなおしゃべりしながらご飯を食べて、お酒をのんで——という感じ。

日本の結婚式と違い、とってもラフでカジュアルな感じだけど、お祝いする気持ちの大切さを一番に考えている披露宴だなと感じました。

電視・電台

テレビとラジオ

台湾の地上波は全5局!! 普及率の高いケーブルテレビを合わせると、なんと100チャンネル以上になるのだ!!

※チャンネルは地域によって異なります。

TV初級編 24・75ch
日本のバラエティー番組やドラマを発見しよう!! (75ch)
日本のバラエティー番組が中国語字幕で放送されている♪♪

- 男女糾察隊 (ロンドンハーツ) 台湾で大人気
- 黄金傳説 (いきなり黄金伝説)
- 全能住宅改造王 (大改造!! 劇的ビフォーアフター)
- 日本のアニメも放送 (24ch) 中国語の勉強気にもなるのだ!!
- 櫻木桃小丸子 (ちびまる子ちゃん)
- 美少女單士 (美少女戦士セーラームーン)

TV上級編 33・38・42ch
現地の人気バラエティー番組を観よう!!

『二声一強』(33ch) 番組の名の意味は「2つのうちどちらが強いか」。普段の生活で男女の考えや習慣などの違いについてのトークバトル番組。

『豬哥壹級棒』(38ch) 台湾の名物オヤジが司会を努める人情バラエティー。

『食尚玩家』(42ch) 人気芸人がナビゲーターのグルメ観光番組。

TV中級編 49～58ch
台湾の最新情報をニュース専門チャンネルでゲット!!

○24時間ずーーーっとニュースだけ!!!!!!
台湾のニュースや天気情報を知ることができるのでとても便利。

台湾のラジオを楽しむ!!
現地のタクシーに乗るとよく流れているラジオ。日本でもスマートフォンのAPPを使えば台湾のラジオが楽しめる!!
おすすめラジオ♪
→おすすめAPP『Radio Taiwan』

- Hit Fm 聯播網
- 台北好事・飛碟電台

日本人の生活は「衣食住」が基本と言われている。台湾ではこれに「行」＝移動が加わる。単なる人の交通だけでなく、もっと比喩的な意味もありそうだ…!!

「衣食住行」台湾人の生活4原則

衣
台湾人は着る服に迷いがない感じがする。飾り立てない、自然体がシックリ合うのだ。あまりにさっぱりとシンプルな装いの人を見かけると、大事なのは中身と言われている気になる。

食
台湾の友人と会うと、最初の一言は「元気?!」ではなく、「ご飯食べた?」。美味しいものをいっしょに囲み、会話を交わすことが大切なコミュニケーションなのだと実感…。

住
ドアを開けるとすぐそこがリビングだったり。道の脇に座って麻雀していたり。内と外の境界がゆるやかなところが、人間関係にも影響している気がする。

行
最初の道で行き詰まったら、違う道に移って進む。やってみて、ダメなら発想を転換する。ひとつのことにこだわり過ぎず、柔軟に考えられる台湾人に、いつもハッとさせられる。

番外編 台湾人的 LIP 案内

■ **Eva Chen**（『秋刀魚』編集長）

日本のカルチャーがテーマの雑誌を手がける若手編集者。日本人の私たちもハッとするような切り口が魅力（☞ P.103）。

「秋刀魚」の創刊前に、LIP が作る雑誌「離譜」の「女子最強。」特集を読みました。台湾人すら知らない台湾事情に通じていて衝撃的。彼らの視点を通じて、日本の精神や、台湾の特色を捉え直しました。LIP は今まさに、新しい台日時代を創っています！

■ **男子休日委員會**

日常を旅する気分で過ごし、発信する 3 人組。自分たちの感性を頼りに京都市左京区を案内する著書『左京都男子休日』は、日本でも好評。

「離譜」はエネルギッシュな雑誌。彼らの並々ならぬ情熱は、日本と台湾の友好を築き、互いの距離をもっと縮めてくれます。日本人が何に夢中なのか、台湾人は何にはまっているのか……。LIP に聞けば、満足のいく答えが見つかるはず。

■ **Kris Kang**（写真家）

私たち LIP が大好きな写真家の 1 人。透明感のある写真が美しい。盆栽のカタチをあらゆる角度から捉えた写真集『BONSAI』が発売中。

「離譜」は毎号、創刊したての雑誌みたい。いつも、いい意味で裏切られます。彼らは遊び心を持ちながら、パワフルで、台日の若者文化をより密につなげています。LIP がこんなに台湾を愛してくれるなんて、心から嬉しいです！

■ **張宜翔／拾參**（市集「手_手」の主催者）

台湾各地を巡回しながらマーケットを開催している。手作りの品々、古着、音楽がミックスした唯一無二の世界感（☞ P.107）。

LIP からの取材がきっかけで、今では旅やバイタン（マーケットでの出店）を一緒にする仲に。彼らは、日本人の考え方を知る、近道を作ってくれました。台湾には哈日族（日本の文化を好む人）もいます。互いの良さを認め合えるって素敵だと思います。

■ **PT**（ヘアメイクアーティスト）

台湾にとどまらず、海外を飛び回って活躍中。LIP のファッションの企画には、いつもお世話になっている。明るい人柄がチャーミング。

LIP が企画した台湾と日本が入り混じったファッションショーや、歌手のオーディションでヘアメイクを担当しました。どちらも大盛況。両国のモデルや業界の人々と知り合いました。今後も、LIP の台日をつなぐ活動がうまくいくことを願っています。

■ **LOOPY！**（プロダクトデザイナー・雑貨店経営）

台北のカルチャーエリア・中山で、雑貨や服飾のブランドを立ち上げた男女 2 人組。香港や日本でもファン増加中！（☞ P.35）

田中と美耶は、「半台湾人」！ ローカルフードはなんでも食べたことがあるし、レトロな雑貨のコレクションがすごい。今、台湾人のどの家を覗いても、こんなにたくさんの雑貨は見られません。「離譜」は、台湾人も日本人も興味津々！

■ **KUSA**（ファッションブロガー・ミュージシャン）

日本のファッションやカルチャーが大好きな台湾ガール。2013 年、LIP のプロデュースでポニーキャニオンより「OoAiNii」という曲で歌手デビュー。

わたしが日本でデビューできたのは、LIP のおかげです。日本の芸能界の仕事は、想像したこともない世界を冒険するみたい。台湾ではできない、貴重な経験でした。LIP の底知れないパワーにはいつもビックリしています!!

■ **Yobi**（モデル）

東京でデザイナーとして働くかたわら、青文字系ファッション誌のモデルとしても活躍中。留学中に身につけた京都弁にいつも癒される。

LIP の企画に参加して、多くの在日台湾人や台湾を好きな日本人と出会えて、本当に楽しい。彼らが見つけた台湾の魅力を知ると、祖国台湾がもっと好きになります。彼らは本当に素晴らしい！ と、いつも感じています。

■ **AJ**（ARTQPIE 主宰）

台中を拠点とするクリエイティブ集団を率いる。オルタナティブ空間・BOOKSITE の運営や、書籍の編集・発行など、幅広く活動中（☞ P.48）。

LIP は台湾人ととても仲良くなります。僕らの文化、歴史、空間、紙媒体、食べ物、住まいにまで精通しています。荻窪のブックカフェ 6 次元で行う「台湾好塾」は、人との出会いが面白い。LIP が東京と台中を行き来しているので、交流が続いて嬉しいです。

■ **楊 KK**（印刷業）

台湾の印刷会社 colorgo のオーナー。「離譜」をはじめ、LIP の作る DM やポスターなどの印刷物は、いつもここに発注している。

LIP とは、印刷物の仕事でやりとりしながら、友達のように親しくしています。彼らの雑誌にはいつも好奇心をくすぐられます。ふたりの印象は、用心深く、細やか。台日カルチャーを広めるために、いつも飛び回っています。彼らを応援しないなんてありえない！

雑貨

街で見つけると、ついつい買ってしまうのが、チープだけど愛嬌のある雑貨たち。実際に使っても、部屋にちょっと置くだけでも、日常に台湾っぽさが加わる。私たちが歩き回って見つけた、とっておきの雑貨屋をご案内。

Made In Taiwan

生活に台湾をプラス

私たちの雑貨選びのポイントは「Made in Taiwanであること」、「あざとさがなく無垢で可愛いこと」。台湾人に懐かしいものは、なぜだか日本人にも懐かしい。ローカルな雑貨屋が狙い目。次々と誕生する台湾ドメスティックブランドにも注目だ。

花蓮 清安行
金物屋の域を超えた、雑貨の宝庫

本当は誰にも教えたくない秘密の雑貨屋。細い路地をすり抜けた先にお宝屋敷が(古い家屋だけど)！　入口から二階の奥までモノモノモノ……。台湾じゅうの生活雑貨が集結している！　欲しいものしかない……。リピート必至です。

シンプルな作りながら機能性抜群の瓶ラック。これも Made in Taiwan！

レトロな花柄に奇抜な黄色が効いた、フルーツを置く水切り皿。

値段も手頃で欲しいものばかり!!

台湾全土 小北百貨
24時間、何でも揃う台湾のドン・キホーテ

鮮やかな黄色の看板が目印の、年中無休の雑貨店。広い店内には、現地の人たちが普段から愛用する、庶民派アイテムがたくさん並んでいる。お店は台湾全土にあるが、南部エリアは特に多い。

レトロな花柄のテーブルクロスが、ありそうでない感じ。

こめかみに塗るとスーッとして、眠気覚ましになる薄荷棒。

デザイン雑貨をお土産にしよう

LOOPY！
一度見たら忘れられない。愛らしいキャラクターが刺繍されたバッグやTシャツが人気。男女2人組のデザイナーのアイデアはいつも奇抜で面白い。

in Blooom
落ち着いた配色のテキスタイルの、ブックカバーやランチョンマットなど、生活に寄り添った品が豊富。男女問わずおすすめのブランド。

你好我好
台湾在住の日本人、青木由香さんが運営するお店。青木さんのセンスでセレクトされた Made in Taiwan の雑貨たちはホッと癒しになるものばかり。

品墨良行
紙好きにはたまらない店。オリジナルのノートはお土産にも、自分用にも欲しくなる。紙製品以外にも常に新しい商品があるので要チェック。

好氏研究室
デザイン事務所が手がけるカフェ＆セレクトショップ。洗練されたオリジナル雑貨を始め、月ごとのフェアやコラボ企画も見逃せない。

跳蚤
tiào zǎo

ガラクタ（=跳蚤）は宝物

台湾の雑貨屋に行くと、なぜこんなモノを売っているの!?と口をあんぐりすることが多い。レトロな柄のテーブルクロスや壊れた電話、光って回るオモチャ。一見するとガラクタだけど、眠った嗜好を呼び覚ますクセものばかり。

台北のお宝は夜市に眠っている

自分の嗜好にたまらず突き進んでしまう雑貨ハンター!!

派擋古嚇（士林夜市）
新感覚雑貨店

台北に来たらここ！ 店内は、かなりの奥行き。寂れたレストランにありそうな謎の置き物、埃まみれのオモチャ、メイクグッズ。おすすめは、文房具とキッチン用品。

使い道がわからなくても、一期一会。気に入ったものは後先考えずに買っておくべし!!

片隅にある棚をくまなく探すと掘り出し物が見つかるかも!!

1元店（中和市興南夜市）
無意味なモノが愛おしい

何の変哲もない小さなお店だが、不思議なムード。売り物にならない壊れた電話やいびつな形のビーズなど、不良品シリーズがなぜだか愛おしい。

一路發尋寶倉庫（饒河夜市）
怪しく佇むガラクタ屋

店のネオンが煌々と輝くストリートで、ひと際怪しい雑貨屋がここ。何でもありの店内は説明不要。一歩足を踏み入れるとその混沌に圧倒される。

夜市で見かける当たりくじの台紙も売ってるよ〜!!

順泰玩具行（景美夜市付近）
駄菓子で味わう台湾

業務用サイズのお菓子や屋台の景品用の駄菓子セットが売っている。おまけ付きの駄菓子はパッケージもレトロで可愛い。

台中へガラクタ探しに出かけよう！

これで宝探し！！

台中 大誠街
足元から天井まで、雑貨の山

生産地不明の20元の腕時計や透明素材のリュックの山、ミラーボールや歌う仏陀像まで、謎めいたものが所狭しと並び、激安価格がまぶしいお店。

台中 環保跳蚤屋
台湾人も驚く！掘り出しものパラダイス

1から3階までも掘り出し物が溢れるリサイクルショップ（全国15店舗）。雑貨、本、CD、DVD、衣料品までなんでも揃い、台湾人も驚くレアなものが見つかる。

わっ！！何だこりゃ！！

服飾雑貨
fú shì zá huò

服飾材料を買うならココ！

とっておきの場所は自分だけの秘密にしたいもの。でも、その想いを超えるほど素敵!! そんなお店を一挙公開。京劇用衣装の材料やレトロなワッペンなど、糸一本さえも日本にはない独特な材料が目白押し。

あれも!! これも!! ほしいものばかり!!

たくさん買っておみやげにもおすすめ!!

台南 西門浅草
掘り出しものなら

西門浅草という名前が、日本の地名のようでなじみやすいが、いざ行ってみると、薄暗い路地に店が集結し、ただならぬ雰囲気を醸している。中でも「金隆布坊」という店にあるリボンが無数に並ぶ棚は、何時間見ていても飽きない。

ついつい夢中になってしまう…

台北 迪化街
気軽にディープを味わう！

迪化街は、観光客も多い。永楽市場など、布や服飾材料の有名店がたくさん。私たちのイチオシは、「全泉」。残布で作ったワッペンや、縫製が雑だけど愛らしいぬいぐるみなど。使い道を考える間もなく欲しくなるものばかり！

自分だけの一足を探して!!

黒は定番で使いやすいよ。

台南 年繡花鞋
刺繡靴で台湾おしゃれ上級者!

台湾でこそ買いたいアイテムがこれ。刺繡の施されたぺたんこの靴は、履くだけで気分が変わるアイテム。色もサイズも豊富で、お土産にも喜ばれる。カラータイツと合わせれば、一気にあなたも台湾おしゃれ上級者!

台北 五分埔
激安 100元コーデ!!

服飾問屋街「五分埔」。洋服、服飾小物、日用雑貨まで、あらゆる品が勢揃い。値段も100〜1000元（350円〜3500円）程度。交渉次第でさらに安くなるのが驚き。

服を現地調達してみよう!!

着心地もバツグン!!

あんな柄やこんな柄も!!

目の覚めるようなブルーと鮮やかなピンクのヒョウ柄なんて、100元だからこそ挑戦できる。

丈が長めでヒップが隠れるチュニックタイプのトップスに、ウエストがゴムのゆるパンツ。上下セットで100元！

意外としっかりした生地でポケットも付いたレギンスパンツ。カラーバリエーションも豊富。

台東 帆布行
賢く可愛い！防水バッグ

店の入り口の屋根に使われる丈夫なビニールのトートバッグ。ストライプ柄の配色は様々。なぜ日本にはないのか不思議なくらい便利な代物。手頃な値段なので、気に入った柄を大人買い！ なんて夢も叶う。

いろんなサイズがあるよ!!

Information 雑貨店リスト

巻末の地図では、青色のスポット●を見つけよう！
本文で紹介しきれなかったおすすめスポットも掲載しました。

台北市

你好我好
大同區涼州街 45 號 1F (P.2 A-1)

金泉人造花料有限公司
大同區民樂街 75 號 1,2F (P.2 A-2)

花編新紋
大同區延平北路二段 60 巷 19 號 1F (P.2 A-2)

小北百貨 寧夏店
大同區寧夏路 11 號 (P.2 A-2)

東美飾品材料行
大同區長安西路 235 號 1F (P.2 A-2)

增樺飾品材料行
大同區長安西路 332 號 (P.2 A-2)

in Blooom 印花樂 大稻埕本店
大同區民樂街 28 號 (P.2 A-2)

鼎隆百貨
中正區武昌街一段 42 號 (P.2 A-3)

LOOPY 鹿皮商店
大同區赤峰街 41 巷 2-4 號 2F (P.2 B-2)

康士得生活百貨館
中山區長安東路一段 23 號 (P.2 B-2)

金興發生活館
中山區南京西路 5-1 號 (P.2 B-2)

品墨良行 街上店
大安區永康街 63 號 (P.3 A-2)

品墨良行 巷內店
大安區永康街 75 號 10 號 (P.3 A-2)

好氏研究室
大安區溫州街 48 巷 22 號 1F (P.3 A-3)

勝立生活百貨
大安區和平東路二段 253 號 (P.3 C-2)

億萬里特賣廣場
萬華區廣州街 207 號 (P.4 A-2)

101 文具天堂 松山店
松山區光復北路 11 巷 99 號 (P.5 C-2)

士林夜市／派攦古嚇真便宜日用百貨廣場
士林區大東路 13 號 -9 B1F (MRT 劍潭駅から徒歩)

中和市興南夜市／1 元店
中和區信義街 98 號 (MRT 南勢角駅から徒歩)

饒河街夜市／夜市一路發尋寶倉庫
松山區饒河街 159 號 (MRT 松山駅から徒歩)

景美夜市付近／順泰玩具行
文山區羅斯福路六段 453 號 (MRT 景美駅から徒歩)

五分埔
信義區永吉路 (MRT 後山埤駅または松山駅から徒歩)

台中市

彩虹服裝手藝材料行
西區向上市場 18 號 (P.7 A-2)

小北百貨 台中成功店
中區中華里成功路 357 號 (P.7 B-2)

大批發三通行
中區大誠街 57 號 (P.7 B-2)

大誠百貨
中區大誠街 57 號 (P.7 C-2)

哇嗶酷！
中區大誠街 81 -1 號 (P.7 C-2)

環保跳蚤屋
南區復興路二段 26-8 號 (大慶火車駅から徒歩)

台南市

小北百貨 台南金華店
北區成功路 526 號 (P.9 A-1)

小北百貨 台南西門店
北區西門路四段 5 號 (P.9 B-1)

金隆布坊
中西區中正里西門商場 12 巷 1F (P.9 A-2)

年繡花鞋
中西區中正路 193 巷 13 號 (P.9 A-2)

雙全昌鞋行
中西區西門路二段 316 號 (P.9 A-2)

彩虹来了
中西區正興街 100 號 (P.9 A-2)

慶遠布莊
中西區萬昌街 75 號 (P.9 B-2)

南台紙袋廠
東區育樂街 190 號 (P.9 C-2)

振銘商行
東區府東街 282 號 (P.9 C-3)

高雄市

織織人 67 號
前金區前金二街 67 號 (P.10 A-3)

Cocost 二手銅板百貨
鹽埕區五福四路 181 號 (P.11 A)

本東倉庫商店
鹽埕區光榮街 1 號 (P.11 A)

in Blooom 印花樂 高雄鹽埕店
鹽埕區鹽埕街 36 巷 23 號 (P.11 A)

SKB
鹽埕區五福四路 153 號 (P.11 A)

台東市

101 文具天堂 台東店
新生路 268-2 號 (P.13 B-2)

台東帆布行
正氣路 202 號 (P.13 C-2)

清安行
中山路 411 巷 5 號 (P.14 B-2)

花蓮日日
節約街 37 號 (P.14 B-3)

阿之寶 A Zhi Bao
中山路 48 號 (P.14 C-3)

宜蘭

群隴五金號
宜蘭市光復路 133 號 (P.15 A)

曹波記商店
蘇澳鎮江夏路 22 號 (P.15 B)

空間

台湾文化の特色は、実際にも、比喩的な意味でも内と外の境界がゆるやかなこと。空間づくりにもそれがあらわれている。昔ながらの伝統を守る店にも、若者のアイデアで生み出されるスペースにも、それぞれの良さがある。

咖啡店
kā fēi diàn

味だけではない！台湾カフェの魅力

台湾人は、カフェが大好き。朝、昼、晩、そして深夜まで、いくつも表情を変えるカフェは、彼らの生活に寄り添っている。紹介した、私たち行きつけのカフェは、なんといっても居心地のよさが魅力。まずはふらっと入ってみよう。

台北 61NOTE
LIP が台湾に目覚めた場所

中山駅の近くで日本人の東氏が営む店。1階はカフェとセレクトショップ、地下はギャラリー。実は、LIP の台湾での活動はここでのイベントからスタートした。その後もイベントのたびに、現地の人びととのつながりが生まれた、思い入れのある場所。

台北 PAPER ST. ／紙街咖啡館
至極シンプルなカフェで感じる、粋な香り

目の前にはアートスポット「華山1914文化創意産業園区」、2階には台湾版「BIG ISSUE」編集部があり、クリエイティブな空気が漂う。白と黒を基調とした無駄のないデザイン。紙ナプキンやショップカードに印刷された店のロゴも小粋。

台中 mezamashikohi-trio
緑豊かな空間で朝のひとときを

精誠街は、もともと米国人の居住区で、庭付きの広々とした建物が目立つ通り。なかでもこのカフェは、人気が高い。木々に囲まれ、天井が高いのもくつろげる理由。9時オープンなので、目覚めの1杯を飲んで爽やかに一日を始めよう。

大きな本棚に気になる本がいろいろ！！

高雄 小堤咖啡
高雄で最も古い純喫茶。アイスコーヒーでひと息

「いらっしゃい!」とオーナーのおばあちゃんが日本語と笑顔で迎えてくれる。日本の純喫茶のような趣のある店内はどこか懐かしい気分になるはず。メニューはコーヒーかカフェオレの2種類。おばあちゃんが1杯ずつ淹れるおいしいアイスコーヒーをぜひ。

台南 台南秘氏咖啡
隠れ家カフェの香港式コーヒー

台南のグルメエリア・國華街の永楽市場の2階は集合住宅になっている。木造の隠れ家のような部屋が並ぶ中、あたたかな光を放つカフェがある。オーナーの1人が香港人で、香港式のコーヒーや軽食が楽しめる。ついつい長居してしまう。

深夜カフェに出かけよう。

台湾では、食事をしながらお酒を飲む習慣があまりないらしい。日本で「夜、会おうよ」と誘われると、飲みに行くことが多いが、台湾人と夜を過ごすなら、まずはご飯。そのあとカフェをはしごするのがお決まり。じっくり語りつくすなら、深夜まで営業している落ち着いたカフェで。

台北 Sugar Man Cafe

夜が更けるにつれ、台湾の"文青"たちは"夜貓族"に姿を変え、お気に入りのカフェに集まってくる。学生が多く住む古亭駅の近くで、午前4時までオープンのカフェ。

☞「文青」は、文芸青年の略。「夜貓族」は夜更かしする若者のこと。

外帶のススメ

外帶とは「テイクアウト」のこと。立地によっては、散歩しながらのコーヒーブレイクもおすすめ。

もはやおすすめの域を超えているね!!

台南 寮國咖啡

近くには、台湾の4大名園の1つ「吳園」がある。開放感のある芝生の上で飲むコーヒーは格別。寮國咖啡と吳園をつなぐ小道は、台南のノスタルジックな雰囲気も楽しめる。

歴史的建築
lì shǐ de jiàn zhù

日本の痕跡を見に行く

かつて台湾は日本の統治下にあった。現在も、当時のままの建築を使う店や、リノベーションして生まれ変わった素敵な空間がある。レトロモダンな見た目を愛でるだけでなく、それぞれの建物に隠されたストーリーを見つけに行こう！

映画のセットのよう！！

高雄 一二三亭

高雄の日本人街・哈瑪星の料亭

高雄の港町に「哈瑪星（ハマセン）」という日本統治時代にできた日本人街がある。もともと鉄道「浜線」が走っていて、街の名前はそこから。当時、旅館だった「一二三料亭」は、書店喫茶「一二三亭」として現在に残る。木のぬくもりを活かしたデザインは、素朴ながら、知的な空気が流れている。

見所
・大正時代の建築からレトロな雰囲気が漂う。ここは本当に台湾か驚くほど。
・おすすめのハヤシライス（ヌードルもある）は上品な味。

台南 林百貨

80年の時を経て、生まれ変わる台南のデパート

大正デモクラシーの中、日本人の実業家・林方一氏が建てた、当時最も高い5階建てのデパート。太平洋戦争で空爆を受けたが、後年には文化財として修復がおこなわれ、2013年に再オープンした。日本と台湾の歴史が刻まれた建物をじっくり見て回りながら、台湾の名産物や工芸品をお土産に買ってみよう。

見所
・最上階には、日本統治時代の神社「末広社」がある。
・エレベーターには、昔ながらの針式階数表示板。
・店員さんのレトロな制服。

なぜだかなつかしい気持ちになる!!

台中 宮原眼科

日本統治時代の眼科が、パイナップルケーキ屋に変身

台中駅のほど近く、休日は人でごった返す大人気のスポット。もともと眼科だった場所を、パイナップルケーキの有名店「日出」がリノベーションし、まるでヨーロッパの図書館のような雰囲気に。日中は、ガラス張りの天井からあたたかな光が差し、アンティークの家具に合わせたお菓子の陳列もお見事。

見所

・パイナップルケーキの包装に見惚れること間違いなし。
・必ず食べたいアイスクリーム。豊富なトッピングに迷うはず。平日か夜なら混雑を避けられる。

台北 瀧之湯

昭和天皇も訪れた、公衆浴場

温泉旅館や浴場が立ち並ぶ北投エリアで、最も長い歴史を持つ公衆浴場がここ。浴場は当時のまま。番台を中央に、男湯と女湯の暖簾をくぐるとなんといきなり浴槽が。脱衣所がなく、浴槽の横に木のロッカーがあるのみ。これには、さすがにカルチャーショック。現地の人で賑わうローカルスポットで、よい思い出を。

見所

・敷地内には、「皇太子御渡渉記念碑」が残る。
・お湯の温度は、44度と高温のため、5分以上の入浴は禁止されている。

書店
shū diàn

本屋に行こう

台湾には一言では説明しきれない、ユニークな書店がたくさんある。地方都市に続々と生まれる個人経営の書店も、大型書店もそれぞれに面白い。コンセプトも、本のセレクトも、空間作りも、各店独特で、独自の世界観が作られている。

台北のおすすめ書店

田園城市
台湾ブックカルチャーを牽引する出版社兼書店

台湾の出版界の先頭に立ち、常に新しい試みをするvincent氏がオーナー。注目は装丁にもこだわって自ら出版する本。地下には展示スペースもあり、台湾のブックカルチャーを楽しむための基礎が詰まっている。

旅人書房
Zeelandia Travel & Books
旅がもっと好きになる

師範大学近くの青田街にある、「旅」がコンセプトの店。「出發前」や「火車迷（鉄道好き）」「親子遊（親子旅）」などカテゴリー別に本が並び、探しやすい。地図やポストカードなど関連雑貨のセレクトも◎。

女書店
女性主義の専門書店

台湾大学に近い温羅汀エリアは、台湾の神保町とも言うべき一帯。その中に、女性主義（中国語でフェミニズムの意）にまつわる本ばかり集めた専門書店がある。自ら、出版もしている。

大方書局
医療や漢方系のマニアック本屋

台北駅の近くに、ちょっとした本屋街がある。一際個性的なのが、医療や漢方の書籍の専門店。本の内容は少しハードルが高いが、人体模型やツボ押しグッズ、マニアックなポスターなど面白い買い物ができる。

有河book
絶景を眺めてゆったりと過ごせる

淡水河を一望できるテラスがあり、ゆったりと本選びを楽しめる。猫もいる。天気のいい日は、最高の読書スポット。自ら営む出版社「有河文化」では、猫や淡水河に関する書籍や写真集を発行している。

下北沢世代
新風を吹き込む独立系書店

本の企画、編集、デザインも行う店主・Monique氏のセンスでセレクトされた、国内外のアート雑誌やZINEを扱う店。とあるマンションの1室にあり、土日のみの営業だが、ファンも多く、根強い人気がある。

次世代型!? 進化する台湾の読書専門店

台北 BOVEN
２万冊の世界中の雑誌が並ぶ地下空間

オーナーがこれまで集めた世界中の雑誌、その数なんと、約２万冊！　会員なら100元、非会員なら300元で1日中雑誌が読み放題。大量の本に囲まれた店内だが、圧迫感がなく地下室にいることさえ忘れてしまう。読書のために作りこまれた空間は、一見の価値あり。

台南 Room A
台湾式に進化する読書喫茶

古書店の多い台南で、面白い仕組みと心地よい空間が人気を博す店。日本の漫画喫茶のように、国内外の雑誌や書籍が自由に読めて、コーヒーやドリンクが飲み放題。有料のオプションメニューもあり。基本料金が1時間60元で、それ以降も1分1元で楽しめる。

深夜誠品をしよう

**おすすめは
24hオープンの
誠品敦南店**

立ち読みならぬ、座り読み。通路の床に座り込んで読むのは当たり前!!

本の種類も数もアジア最大級！　台湾の各地にある誠品書店。その中でも台北随一の繁華街・東區にある敦南店は、なんと24時間営業。あれこれじっくり立ち読みしたいなら、夜ふかしを決めこんで、深夜に行こう。敦南店は、夜中には人が少なくなるので、台湾式座り読みを嗜もう。

発信場 fā xìn chǎng

台湾カルチャーと出会い、つながる
各地のオルタナティブ空間

クリエイターやアーティストのたまり場で、新しい出会いを。台北はもちろん、地方にも独自のカルチャーを発信する若者がいる。彼らが古い建物や空間をリノベーションして生み出した、サロンのような場所を以下にご紹介。

台北 Underon 上下誌空間

台北の中でも観光客の少ない大龍街夜市に、カルチャーの秘密基地がある。ここでは日々、新鋭アーティストの展示が行われる。アーティストの作品にあらわれた「on」だけでなく、並々ならぬ努力を重ねる「Under」の部分も知って欲しいという想いからこの名に。

宜蘭 Stay 旅人書店

あまり観光地化せず、自然の景観を大事にしてきた宜蘭。人気ガイドブックのライターを経て、現在もカルチャー誌で執筆する林四九氏が出身地・宜蘭の魅力を発信すべくオープンした。歴史や旅行の本、宜蘭のカルチャーや店を紹介するオリジナルマップもある。

台中 本冊 BOOK SITE

建築・デザイン・出版など、ジャンルミックスで新しいことを企み続ける台中のクリエイティブチーム・ARTQPIE が運営。国内外のカルチャー雑誌のライブラリーやZINEショップを始め、企画・展示も行われている。台中カルチャーに足を踏み入れたら、ここは避けて通れない！

台東 晃晃二手書店

オーナー・Susu 氏とおしゃべりしながら台東カルチャーを感じるのがおすすめ。2 階は民宿なので、泊まれば夜な夜なカルチャートークがはずむ。本屋の営業は金〜日曜の週3日だが、宿泊客は他の日も本の閲覧や購入が可能。台湾らしく風通しが良い自由な空間。

台南 ム八二空間 -182artspace

ギャラリーの奥はカフェとバー。アーティストやクリエイター、現地のアート好きが夜にかけて集まる。オーナーの陳正杰氏は台南アートを紹介するフリーペーパー「臺南藝志 Tainan Art Zine」の発行者。台南をはじめ台湾じゅうのクリエイティブシーンに精通している。

高雄 叁捌。旅居

泊まれるカルチャースポット!!

かつては文化的にも商業的にも栄えた鹽埕區の中心にある、オルタナティブスペース。1階は高雄カルチャーを発信するショップと展示スペース、2階は台湾全土に関するライブラリー、3階より上は長期滞在の旅行者をメインに迎える民宿となっている。

BAR

どこまでも自由
台南の夜に行きたい

台北の友人たちとは食事のあとにカフェのはしごをするけど、台南ならお酒。BAR に行くこともある。熱帯気候の台南の夜は長い。灼熱の太陽が沈んでからが本番だ。ユニークな空間で尽きない話、気がついたらもうこんな時間！

FREE WILL
永遠のワンダーランド

▲遊び心も満載の、ソファでくつろげるバー

台湾では珍しく、踏切の音が鳴り響く線路沿い。庭付き2階建ての洋館をリノベーションしたこの店は、屋内と屋外の境なく、世界観を統一した開放的な空間だ。目印は、入り口の大きな E.T の看板。店内は、オーナー・巨人氏が集めた稀少なアメコミや映画の年代物のオモチャが至るところに並ぶ。家具は台湾のアンティークが多く、雰囲気もいい。特にテラス席の開放感は最高。蚊が多い夏の夜も、つい足が向いてしまう。

▲いつまでもいられる屋外テラス席

▲好きな人にはたまらない貴重なフィギュアたち

鑽石樓
秘密の交友場

▲シンメトリーな外観がフォトジェニック

BAR に大人の雰囲気を求める人にはここ。クラシックなホテルのような入り口を入ると、そこはまるで昔の洋画のセットのようなムード。石造の古い建物は、90 年前に建てられ、診療所、宝石屋、ブライダルと様々に形を変えながら受け継がれている。壁紙のデザインや照明、アンティーク家具のバランスが良い。オリジナルのカクテル、パスタなど料理の味も絶品で、地元でも人気。

▲カウンターも、ソファ席も落ち着いたムードでお酒が飲める

Information 空間リスト

巻末の地図では、カフェと BAR は赤色、書店はベージュ色、その他は黄緑色のスポット●を見つけよう！
本文で紹介しきれなかったおすすめスポットも掲載しました。

カフェ

台北市
61NOTE：大同區南京西路 64 巷 10 弄 6 號 (P.2 B-2)
光一咖啡：中山區中山北路二段 20 巷 1-4 號 2F (P.2 B-2)
二條通．綠島小夜曲：中山區中山北路一段 33 巷 1 號 (P.2 B-3)
離線咖啡 Offline Cafe：中正區八德路一段 1 號 (P.2 C-3)
PAPER ST.COFFEE COMPANY 紙街咖啡館：中正區八德路一段 28 號 1F (P.2 C-3)
边边 Cafe Shop：中正區臨沂街 55-3 號 (P.3 A-1)
誇張古懂咖啡店：中正區臨沂街 40-5 號 (P.3 A-1)
小食糖 Sugar Bistro：中正區信義路二段 181 巷 3 號 1F (P.3 A-1)
溫床 NEST：大安區信義路二段 198 巷 38 號 (P.3 A-2)
咖啡小自由：大安區金華街 243 巷 1 號 1F (P.3 A-2)
學校咖啡館 ecolecafe：大安區青田街一巷 6 號 (P.3 A-2)
Neighbor's Cafe 鄰居咖啡：大安區青田街 2 巷 4 號 (P.3 A-2)
貳月咖啡：大安區青田街 13-1 號 1F (P.3 A-2)
咖啡黑潮：大安區和平東路一段 141 巷 9-1 號 (P.3 A-2)
Sugar Man Cafe：大安區和平東路一段 87-1 號 (P.3 A-2)
秘氏咖啡：浦城街 4 巷 30 號 (P.3 A-2)
DOT dot 點點食堂：大安區浦城街 13 巷 2 號 (P.3 A-2)
海邊的卡夫卡：中正區羅斯福路三段 244 巷 2 號 2F (P.3 A-3)
自然醒咖啡公寓：和平東路二段 157 號 2F (P.3 B-2)
巴黎米 Cafe 8mm：大安區新生南路三段 60 巷 1 號 (P.3 B-3)
窩著 perch cafe：信義路 4 段 30 巷 20 號 1F (P.3 C-1)
多麼 Cafe+：大安區安和路二段 217 巷 16 號 (P.3 C-2)
暗角咖啡：中正區廈門街 1 號 (P.4 C-3)
Astar coffee house：民權東路三段 60 巷 13 弄 41 號 (P.5 A-1)
Le park cafe 公園咖啡館：中山區遼寧街 146 號 (P.5 A-2)
think cafe：中山區安東街 18 號 (P.5 A-3)
Peekaboo Coffee 彼咖舖咖啡：大安區忠孝東路三段 251 巷 7 弄 2 號 (P.5 A-3)
Fujin Tree 353 Cafe：松山区富錦街 353 號 (P.5 B-1)
民生工寓：松山區民生東路四段 56 巷 1 弄 3 號 (P.5 B-1)
Cafe Junkies：松山區健康路 9 號 (P.5 B-2)
安和 65：安和路一段 65 號 (P.5 B-3)
日常生活 a day：信義區忠孝東路四段 553 巷 46 弄 11 號 (P.5 C-3)

台中市
INO Cafe：西區中興街 175 號 (P.7 A-1)
Allo Friend：西區華美街 39 號 (P.7 A-2)
咖啡道：西區五權西六街 2 巷 1F (P.7 A-2)
Isabella's cafe：西區中興一巷 26 號 (P.7 A-2)
兔子洞．甜點工作室：西區五權西一街 127 號 (P.7 B-1)
艸田空間：北區育德路 131 巷 6 號 (P.7 B-1)
三時茶房：北區太平路 107 巷 11 號 (P.7 C-2)
順咖啡：市府路 107 巷 1-2 號 (P.7 C-2)
Cafe Buddha 佈達咖啡：西屯區文華路永新巷 7 號 (P.8 A)
木巷咖啡：西屯區逢甲路 72 巷 12 號 (P.8 A)
mezamashikohi 本店 Life：南屯區公益路二段 529 號 (P.8 B)
mezamashikohi 二店 Urban：西屯區大恩街 8 號 (P.8 B)
mezamashikohi 三店 trio：西區精誠七街 1 號 (P.8 B)
The Factory- Mojocoffee：精誠六街 22 號 (P.8 B)
Art Anew gallery & cafe：精誠五街 32 號 (P.8 B)
胡同 - 手沖精品咖啡館：精誠九街 16 巷 3 號 (P.8 B)
Forro Cafe：精誠三街 47 號 (P.8 B)
Landscape 1893 cafe：西屯區大墩十八街 93 號 (P.8 B)
冰河咖啡：西屯區文心路三段 119-1 號 (P.8 B)
默契咖啡：西屯區台灣大道二段 902 號 (P.8 B)

台南市
兩倆咖啡：中西區信義街 100 號 (P.9 A-1)
台南秘氏咖啡：中西區國華街三段 123-160 號 (永樂市場 2F) (P.9 A-2)
正興咖啡館：中西區國華街三段 43 號 (P.9 A-2)
存憶：中西區國華街三段 211 號 (P.9 A-2)
暖暖蛇咖啡館 Café Flâneur：中西區普濟街 53 號 (P.9 A-2)
未艾公寓：中西區正興街 77 巷 10 號 (P.9 A-2)
一緒二咖啡 Cafe Isshoni：中西區康樂街 160 號 (民生路交差点) (P.9 A-2)
太古 101：中西區神農街 101 號 (P.9 A-2)
爐鍋咖啡：中西區民生路一段 205 巷 11 號 2F (P.9 A-2)
文青好好笑：中西區神農街 82 號 (P.9 A-2)
時年珈琲：中西區永華路一段 60 號 (P.9 A-3)
道南館：中西區民權路二段 248 號 (P.9 B-2)
寮國咖啡：中西區中山路 79 巷 6 號 (P.9 B-2)
甘單咖啡：中西區民權路二段 4 巷 13 號 (P.9 B-2)
來了：中西區新美街 149 號 (P.9 B-2)
双生 Shuànsên Cafe：中西區忠義路二段 147 巷 17 號 (P.9 B-2)
Hide Forest 窩樹林：中西區樹林街二段 76 號 (P.9 B-3)
順風號：中西區開山路 35 巷 39 弄 32 號 (P.9 B-3)
鹿角枝咖啡：中西區樹林街二段 122 號 (P.9 B-3)
窄門咖啡：中西區南門路 67 號 2F (P.9 B-3)
a room：東區長榮路一段 234 巷 17 號 (P.9 C-3)

高雄市
Zeko Cafe 日口珈琲：三民區十全二路 188 號 (P.10 A-1)
步道咖啡：苓雅區中正二路 67 號 (P.10 C-3)
小提咖啡：鹽埕區鹽埕巷 40 巷 10 號 (P.11 A)
亨利咖啡：新興區仁智街 242 號 (P.11 B)
路人咖啡 Ruh Cafe：苓雅區四維三路 217 號 (P.11 B)

台東市
kituru：中興路二段 191 號 (P.13 A-1)
怪豆咖啡 ODDO COFFEE：更生路 504 號 (P.13 B-1)
cheela 小屋：新生路 395-1 號 (P.13 B-2)
目目咖啡：更生路 404 巷 8 號 (P.13 B-2)
Mese Coffee：仁德街 60 號 (P.13 C-2)

花蓮市
璞石咖啡館：明禮路 8 號 (P.14 B-2)
Caffe Fiore 珈琲花：忠孝街 79 號 (P.14 B-3)
法羅咖啡館：光復街 43 號 (P.14 B-3)
MAYTREE 五月樹咖啡：上海街 220 號 (P.14 B-3)

Giocare 義式．手沖咖啡：樹人街 7 號 (P.14 C-3)

時光旅人 Time Traveler：公園路 33 號 (P.14 C-3)

宜蘭

夏至咖啡：宜蘭市中華路 48 號 1F (P.15 A)

3035 叁零叁伍冰果室：宜蘭市中山路三段 149 號 (P.15 A)

禮物珈琲：羅東鎮復興路一段 6 號 (P.15 C)

歷史的建築

台北市

瀧之湯：北投區光明路 244 號 (MRT 新北投駅から徒歩)

台中市

宮原眼科：中區中山路 20 號 (P.7 C-3)

台南市

林百貨：中西區忠義路二段 63 號 (P.9 B-2)

高雄市

一二三亭：鼓山區鼓元街 4 號 2F (P.11 A)

書店

台北市

Bookstore 1920s：大同區迪化街一段 34 號 (P.2 A-2)

大方書局：中正區重慶南路一段 44 號 (P.2 A-3)

中山地下書店街：中山區南京西路 16 號 (P.2 B-2)

田園城市：中山區中山北路二段 72 巷 6 號 (P.2 B-2)

VVG thinking：松山區八德路一段 1 號 赤煉六合院 C 棟 (P.2 C-3)

Zeelandia Travel&Books 旅人書房：大安區青田街 12 巷 12-2 號 1F (P.3 A-2)

水準書局：大安區浦城街一號 (P.3 A-2)

永樂座：大安區羅斯福路三段 283 巷 21 弄 6 號 (P.3 A-2)

唐山書店：大安區羅斯福路三段 333 巷 9 號地下 1F (P.3 A-2)

古今書廊二手書店：中正區羅斯福路三段 244 巷 17 號 (P.3 A-2)

Mangasick：中正區羅斯福路三段 244 巷 10 弄 2 號 B1F (P.3 A-3)

舊香居：大安區龍泉街 81 號 1F (P.3 A-3)

伊聖詩私房書櫃 *Escents Bookcase：大安區新生南路三段 22 巷 7-1 號 (P.3 B-2)

女 書店：大安區新生南路三段 56 巷 7 號 2F (P.3 B-3)

下北沢世代：萬華區和平西路 2 段 141 號 2F-1 (P.4 A-2)

生活在他方 elsewhere cafe：中正區羅斯福路一段 119 巷 3 號 1F (P.4 C-3)

人文書舍：中正區牯嶺街 61 之 6 號 (P.4 C-3)

Boven 雜誌圖書館：大安區復興南路一段 107 巷 5 弄 18 號 B1F (P.5 A-3)

VVG something：大安區忠孝東路四段 181 巷 40 弄 13 號 (P.5 B-3)

誠品書店 敦南店：大安區敦化南路一段 245 號 (P.5 B-3)

誠品書店 信義店：信義區信義路松高路 11 號 (P.5 C-3)

誠品生活 松菸店：信義區菸廠路 88 號 (P.5 C-3)

台中市

新手書店：西區中興里向上北路 129 號 (P.7 A-2)

東海書苑：中區五權西二街 104 號 (P.7 A-3)

一本書店：南區復興路 3 段 348 巷 2-2 號 1F (P.7 B-3)

瑞成書局：東區雙十路一段 4-33 號 (P.7 C-2)

新手書店：西區中興里向上北路 129 號 (P.7 A-2)

台湾本土文化書局：中區三民路三段 49 號 (P.7 C-2)

梓書房：西屯區四川路 87 巷 28 號 (P.8 B)

午後書房：龍井區藝術北街 46 巷 2 號 (バス停 遠東街 165 巷口から徒歩)

台南市

林檎二手書店：南區國華街一段 24 號 (P.9 A-3)

金萬字書店：忠義路二段 6 號 (P.9 B-2)

草祭二手書店：中西區南門路 71 號 (P.9 B-3)

雲海二手書店：中西區南門路 243-2 號 (P.9 B-3)

墨林二手書店：大學路西段 53 號 B1F (P.9 C-2)

珍古書坊：前鋒路 180 號 (P.9 C-2)

府城舊冊店：東區東門路一段 342 號 (P.9 C-3)

高雄市

火腿看書 ham books：三民區九如二路 681 號 (P.10 A-2)

三餘書店：新興區中正二路 214 號 (P.10 C-3)

慶芳書局：鹽埕區五福四路 180 號 2F (P.11 A)

人生書局：鹽埕區新樂街 145 號 (P.11 A)

台東市

富光書店：廣東路 85 號 (P.13 C-2)

花蓮市

時光二手書店：建國路 8 號 (P.14 B-2)

時光 1939：民國路 80 巷 16 號 (P.14 B-2)

舊書舖子：光復街 57 號 (P.14 B-3)

宜蘭市

旅 二手概念書店：神農路一段 1 號 (P.15 A)

舊書櫃：宜興路一段 280 號 (P.15 A)

発信場

台北市

Underon 上下誌空間：大同區大龍街 231 號 2F (MRT 圓山駅から徒歩)

台中市

本冊 BOOK SITE：西區中美街 135 號 (P.7 A-2)

台南市

么八二空間 -182artspace：中西區新美街 182 號 (P.9 B-2)

高雄市

叁捌。旅居：鹽埕區五福四路 226 號 (P.11 A)

台東市

晃晃二手書店：新生路 503 巷 8 號 (P.13 A-2)

宜蘭市

Stay 旅人書店：碧霞街 14 號 (P.15 A)

BAR

台南市

TAIKOO 太古百貨：中西區神農街 94 號 (P.9 A-2)

FREE WILL：青年路 232 巷 32 號 (P.9 C-3)

鑽石樓之鑽石后爾：西門路二段 206 號 (P. 9 C-2)

KINKS25 老房子：青年路 232 巷 25 號 (P.9 C-2)

国際藝術村

番外編

都市にそびえ立つアートの解放区

台湾には、かつて中国大陸から逃れた兵士と、その家族が住みついた「眷村」という地区がある。現在では、まちまちの大きさの家屋が密集して形作られた村の姿を活かしながら、アートや文化発信の場として転用されるケースが多い。中でも、ここ「寶藏巖國際藝術村」は、ユニーク。国内外のアーティストが創作活動と居住を兼ねる場所だ。作品の鑑賞はもちろん、タイミングが合えば、アーティストと交流ができる。

「眷村」をリノベーションといえば、台北101の近くの「四四南村」も「好，丘」というカルチャースポットに。

寶藏巖というお寺に入り、通り抜けた先にアートヴィレッジがある。

建物の壁には、アーティストの作品。フォトジェニックなスポットが多い。

敷地内の人気カフェ「尖蚪」。アートやカルチャー好きが集まる秘密基地。

住人はアーティストだけではない。藝術村になる前から住み続ける一般の市民もいる。民家は立ち入り禁止だけど、おじさんやおばさんがアーティストの作品やスタジオの脇で世間話をしているなんてことも。

DATA 寶巖國際藝術村
- 台北市汀州路三段 230 巷 14 弄 2 號
- 11 〜 22 時（展示によっては 18 時まで）（月曜休）
- 台北 MRT 公館駅から徒歩 15 分

「おいしいお店はどこ?」。私たちがよく聞かれることのひとつ。ここでは、有名無名を問わず、台北の店に限らず、ジャンクな味でも、洗練された味でも、とにかく実際に食べて「おすすめできる!」と確信したグルメだけを紹介。自分の嗅覚で見つけだす感動も、忘れないで。

飲料・甜點
yìnliào tiándiǎn

珍珠奶茶
(zhēn zhū nǎi chá)
タピオカミルクティー
台湾に来たら
必飲のドリンク

★台中 春水堂
（全土に38店舗）
タピオカミルクティー発祥の店。
紅茶の香りが際立つ、名店の味。
珍珠奶茶（S 60元／M 110元）

★台中 ADD 艾得咖啡
タピオカと珈琲ゼリーの食感が
同時に楽しめる、オリジナル。
雙Q奶茶（50元）

甘蔗牛乳
(gān zhè niú nǎi)
さとうきび牛乳
さとうきびの甘さが優しい

★台中
茗陽甘蔗牛乳
大王
人気の老舗。
「甘蔗牛乳」のほかに
「甘蔗檸檬」も外せない。
甘蔗牛乳
（大 35元／小 20元）

杏仁茶＆杏仁豆腐
(xìng rén chá & xìng rén dòufu)
杏仁ドリンク＆杏仁豆腐
杏仁スイーツの本場は台中にあり

★台中 三時茶房
路地裏の隠れ家的カフェ。
すりゴマを入れる芝麻杏仁
茶が名物。
芝麻杏仁茶（60元）

★台中 三時冰菓店
アクセスが不便だが、
ここの杏仁豆腐を食べたら
後悔なし。
紅豆杏仁豆腐冰（80元）

西瓜汁 (xīguā zhī)
スイカジュース
台湾フルーツジュースの定番

★台北 一級棒奶茶
景美夜市に来たらまずはここ。
帰国後も恋しくなる味。西瓜汁（20元）

木瓜牛奶
(mù guā niú nǎi)
パパイヤミルク
各地の味で
ほっぺたを落とそう

★台北 慈誠宮簡記木瓜牛奶
士林夜市のなかでも人気の店。
台湾人も納得の美味しさ。
木瓜牛奶（40元）

★台中 陳記牛乳大王
中華夜市で見つけよう。
シュガートーストと
合わせるのがツウ。
牛乳木瓜汁（40元）

甘さが
ちょうどいい〜

芋泥西米露
(yù ní xī mǐ lù)
紫いもココナッツミルク
紫いも×ココナッツの絶妙コンビ

★台中 大甲芋頭城
逢甲夜市で食べ歩きに疲れたら、
これを飲む。しつこくない甘さ。
芋泥西米露（35元）

俄羅斯軟糖
(é luó sī ruǎn táng)
ロシアンマシュマロ

パン屋で買えるマシュマロ
★台北 明星西點麵包廠
このお店にしかない名物。
中にくるみが入ってふわふわの食感。
俄羅斯軟糖（150元）

欲ばりドリンク&スイーツ

台湾の暑さは、ジュースやスイーツが救ってくれる。真っ先に食べたいのは、マンゴー、パパイヤ、スイカなど、南の島ならではのフルーツ。豆や芋を使った素朴なスイーツは、甘ったるいものが苦手、という人にもぜひ試してみてほしい。

各地の味を試そう！

冰淇淋
(bīng qí lín)
アイスクリーム

激戦アイス屋の中で際立つこの２店

★台北 永富冰淇淋
昔ながらのアイス屋。天然素材を使用した手作りがおいしさの訳。
冰淇淋 (35元)

★台中 INO ice
2種から選べるコーン、季節に合わせたフレーバーが楽しめる。
冰淇淋 (90元)

麻糬
(má shǔ)
おもち

台湾語では「モアヂー」

★台中 中華麻糬大王
ピーナッツの粉をかけた一口お餅。隣も餅屋なので注意。
麻糬 (11粒 60元)

★花蓮 曾記麻糬
東部はお餅が名物。味はあずき、ゴマ、ピーナッツなど多種。
麻糬 (13～15元)

豆花
(dòu huā)
やわらか～い豆腐

甘いものが苦手な男性にも

★台中 美軍豆乳冰
100%無農薬・国産豆の豆花は口の中で味がじんわり広がる。
豆花 (35元)

★台南 茂記黒豆花大王
黒豆の豆花にはコクがある。黒豆茶をかけると◎
黒豆花 (60元)

綠蓋茶
(lǜ gài chá)

甘じょっぱい緑茶

衝撃の味。ストローなしでグイグイ

★Lattea 綠蓋茶館
(全土に支店あり)
甘い緑茶にしょっぱいホイップで蓋をしたクセになるドリンク。
綠蓋茶 (60元)
黒豆花 (60元)

雞蛋糕
(jī dàn gāo)
ベビーカステラ

道端で見かける昔ながらのおやつ

★台南 王氏富屋金焦條雞蛋糕
おすすめはカステラの中にとろ～り伸びる起士(チーズ)味。
雞蛋糕 (10～15元)

哈蜜瓜瓜冰
(hā mì guā guā bīng)
まるごとメロンにフルーツシャーベットのせ
台湾フルーツをふんだんに！

★台南 泰成水果店
半切りメロンに、マンゴーやブドウのシャーベッド。目も舌も喜ぶ。
哈蜜瓜瓜冰 (200元)

寒天愛玉
(hán tiān ai yù)
ヘルシーなゼリー飲料

暑い日にはこれ！

★水巷茶弄
(全土に支店あり)
太いストローでズルズル吸う。のどごしがたまらない。
寒天愛玉 (45元)

夜市 yè shì

おいしいネタの宝庫・台湾夜市

台湾人の生活に欠かせない台所のような存在。グルメだけでなく、雑貨や衣料品、ゲームなど、いつ行ってもお祭りのように賑やかなスポットだ。地域によって雰囲気も売っているものも様々。さあ、夜市に出かけよう。

台北 景美夜市
台北のローカル夜市

MRT景美駅からすぐ。観光客の少ないローカルな夜市は他にもあるけど、ここは味がとびきりいい。日用品店や靴屋、駄菓子屋もあるのでじっくり見て回ろう。

台湾一の香腸（ソーセージ）はここ山猪肉香腸で！焼きたてジューシーがたまらない。

熱々の豆花にかき氷を盛り、好きな具材をトッピング。優しい甘さがやみつきになる。

台中 逢甲夜市
台湾最大の夜市

逢甲大学に近いこの夜市は、学生や住民たちはもちろん、台中じゅうから人が集まる。何といっても台湾一を誇る広さ、店舗の多さが魅力。たっぷり時間をかけて巡ろう。

歩いても歩いても、終わりが見えない。グルメや雑貨の露店がどこまでも続く。

巨大ソーセージを細切りのジャガイモやチーズ、サクサクの衣でくるんだ変わり種も夜市ならでは。

高雄 旗津夜市
フェリーで行く夜市

港町・西子湾からフェリーで約5分。メインストリート・廟前路の屋台では焼きたての魚介が食べられる。旗津半島には他に3つの夜市がある。時間があればそちらへも。

フェリーに乗るのもワクワク。高雄の美しい夜景と心地よい潮風も思い出のひとコマに。

木曜開催の廣濟宮夜市。フェリー乗り場からバスで約15分。立派なお寺の前で開催される。

看板を見ても正体不明のものばかり…

気になったら1個でも買って食べてみるべし！

夜市で挑戦！ランクアップフード

臭豆腐
(chòu dòu fu)

プーンと匂うあの香り！

台湾といえばコレ。台湾人は大好物なのに、日本人は食わず嫌いな人が多い。実は台北の臭豆腐より、中部や南部の臭豆腐は全然臭くない。カラっと揚げてサクサクの臭豆腐は、これまたビールとよく合う。

豬血糕
(zhū xuè gāo)

食べてみてびっくり!!

四角く黒々とした見た目にモチモチとした食感。正体はもち米に豚の血を混ぜて固めたもの。……そう聞くと気が引けるが、血の味なんて全然しない。夜市ではピーナッツやパクチーをまぶし、串に刺して売ることも。

檳榔
(bīng láng)

夜市で見かけるドングリサイズの実。噛みタバコのように口に含む。眠気覚ましとして台湾のおじさんたちに親しまれてきた。食べると口の中は真っ赤に。独特の匂いとピリッとした痺れ。おいしくはない……。記念に1粒！

夜市の行列は、美味しい証。この看板を目がけて行こう！

台北
士林夜市
「豪大大雞排」
雞排 (jī pái)
特大からあげ

饒河夜市
「福州世祖胡椒餅」
胡椒餅 (hú jiāo bing)
胡椒が効いた中華饅頭

華西街観光夜市
「小王清湯瓜仔肉」
魯肉飯 (lǔ ròu fàn)
煮込んだ豚肉をかけた丼

台中
中華夜市
「陳記牛乳大王」
木瓜牛奶 (mù guā niú nǎi)
パパイヤ牛乳

台南
花園夜市
「天王牛排」
牛排 (niú pái)
ステーキ

高雄
六合夜市
「方記水餃酸辣湯」
水餃&酸辣湯 (shuǐ jiǎo & suān là tāng)
水餃子&サンラータン

宜蘭
羅東夜市
「三星蔥餅」
蔥油餅 (cōng yóu bing)
ネギ餅

花蓮
東大門夜市
「福町本舗檸檬汁」
檸檬汁 (níng méng zhī)
レモンジュース

台東
台東観光夜市 (木〜土のみ)
どの果物屋でも○
釋迦 (shì jiā)
バンレイシ

馴染みのない「包」もぜひ!!

朝ご飯にも、小腹が空いた時のおやつや夜食としても、どんなときも気軽に買って食べて、大満足。皮の中身は、幸せいっぱい、ネタいっぱい。種類もとても豊富だ。餃子や小籠包だけじゃない。「包」む系グルメは、台湾のソウルフードだ。

勇気を出して入ってみよう!!

湯包 (tāng bāo)

台湾の小籠包＝湯包は、皮が厚い！

小籠包といえば、肉汁たっぷりの餡が今にも破れそうな薄皮に包まれているところを思い浮かべるかも。でも、台湾では皮の厚い肉まん風のものも多い。ニンニクが効いた特製タレをつけて召し上がれ。

高雄 興隆居 見た目はまさに肉まん。中の肉汁がスゴい。

台中 苟不理天津湯包 早起きの地元民が行列をつくる店。

おいしすぎてほっぺたおちる!!

花蓮 公正包子店
花蓮の有名店。隣の店「周家」と競り合う！

水煎包（shuǐ jiān bāo）
片手ですませる朝ごはん

焼き小籠包。豚肉の肉汁が、ジューシーな「鮮肉水煎包」、しっとりと甘いキャベツ入りの「高麗菜水煎包」、ニラと卵の「韭菜水煎包」。朝の定番ドリンク「豆漿」（豆乳）をおともに。

肉圓（バーワン※）
いびつな外見、食べると絶品

台湾人がこよなく愛する肉圓は、見た目はとっても不思議。半透明の弾力のあるブニュブニュの皮の中に豚肉の餡、仕上げに甘いタレをかけた一品。

※一般的に台湾語の「バーワン」で呼ぶ。

台北　老蔡水煎包
台北に3店舗ある地元でおなじみの店。台北の朝はいつもここ。

台南　武廟肉圓
台南の名所「赤崁樓」のそば。午後のみ営業。

水餃（shuǐ jiǎo）
1つ8円。小腹が空いたらこれ

日本人は餃子といえば、焼餃子を想像するが、台湾では水餃子が定番。1個から注文できるから、お腹の空き具合に合わせられて◎。水餃子のおともは、すっぱく辛い酸辣湯。

有名店を越える!?　台湾一おいしい小籠包
台南　南方公園湯包

台南の駅からほど近い南方公園には、たくさんの屋台が並んでいる。その入り口にずっと追い求めていた小籠包があった。皮の薄さと舌触り、餡の肉汁と歯ごたえはバランスが良く、辣醬（辛いソース）につけて口に頬張ると嫌なことも全部忘れる、幸せの味。数々の小籠包を食べたけど、ここに勝るものはない。

台中　向上水餃
1個約8円の驚きの安さ。5〜10個でちょうど良い。

飯 fàn

小ぶりの茶碗で一気に食らう台湾飯

台湾のご飯ものをおいしく食べるコツは、ただ一つ。周りに遠慮せず、一気にかきこむことだ。店によって違う小菜（小皿の副菜）やスープとの組み合わせがさらなるポイント。一緒に注文すれば定食のような満足感が得られる。

魯肉飯 (lŭ ròu fàn)
台湾B級グルメの王様

トロトロに煮込んだ豚肉をご飯の上へ。匂いも味もこれぞ台湾庶民の味。燙青菜（空芯菜炒め）や油豆腐（煮込んだ豆腐）と相性◎

雞肉飯 (jī ròu fàn)
あっさりとした鶏肉の旨味

中南部・嘉義名産の雞肉飯。丁寧に手で裂いた鶏肉に醤油味のタレがかかったあっさり味。魚丸湯（つみれ汁）と一緒に。

鴨肉飯 (yā ròu fàn)
やわらか鴨肉が贅沢！

臭みがなく、しっとりと絶妙な歯ごたえの鴨肉飯。名前がインパクト大の下水湯（鴨もつスープ）も添えて、鴨をとことん味わおう。

新北　五燈獎豬腳魯肉飯
口の中でとろける肉が絶品。

台北　梁記嘉義雞肉飯
台北の老舗店。目玉焼きのせがおすすめ。

高雄　七賢鴨肉飯
鴨肉飯の激戦区・高雄でも人気の店。

台北　金鋒魯肉飯
行列必至だが回転は速い。魯蛋（煮卵）も◎

台南　嘉義廖火雞肉飯
おともは白菜湯（白菜スープ）で決まり。

台南　亞德當歸鴨
グルメエリア・國華街にある名店。

米糕（mǐ gāo）
腹持ちの良さ、抜群！

竹の葉で包んで蒸したもち米の丼。台中ではシンプルにひき肉をのせるのが定番。台南では、煮込んだ豚肉とシイタケ、カジキマグロのデンブやピーナッツをかける。

油飯（yóu fàn）
台湾式 混ぜおこわ

もち米に、シイタケや干しえび、豚肉などの具材を混ぜて食べる。お祝いごとがあると配る、赤飯のような料理なんだとか。台湾伝統の味に挑戦してみよう。

ザ・台南式！

これがまたおいしい!!

台中　民生嘉義米糕
柴魚湯（鰹だしのスープ）がよく合う。

台南　永樂米糕
トッピングは鴨魯蛋（鴨の煮卵）で。

花蓮　阿桂油飯
昔ながらの製法を守り続ける。

蝦仁飯（xiā rén fàn）
台南でしか食べられない丼

台南名物のエビのせご飯。鰹だしと醤油で炊いたご飯に小ぶりのエビがたっぷり。噛むほどにエビとネギの風味が口の中に広がる。日本人の舌にもきっと合う。

ぷりぷりのエビ！

台湾ではじめて食べたあのチャーハンの味を、一生忘れない。
台北　貞食寮

はじめて台湾を訪れた日。右も左もわからなかった私たちは、とりあえず台北駅の近くで見つけた店に入った。壁にはたくさんの落書きがあり、塾帰りらしい学生たちで賑わっている。鉄板で炒める香ばしい匂いに惹かれてチャーハンを注文。持ち帰っても店内で食べても、同じ簡易な紙箱に入って渡される。その素っ気ない感じに半ば疑いつつ、パラパラに炒めたチャーハンを食らう。その味たるや……！　有名店ではないし、チャーハンのおいしい店は他にもあるけど、記憶に残る味。

この手軽さがいい

台南　東門圓環蝦仁飯
1皿20元！お財布に優しい。

台南　矮仔成蝦仁飯
鴨蛋湯（鴨の卵のスープ）もおいしい。

台湾の汁なし麺が好き

台湾の麺といえば、牛肉麺しか知らなかった私たちは、台南で食べた意麺をきっかけに汁なし麺にゾッコン。意麺とは、平たくて腰のあるちぢれ麺にチャーシューと野菜がのった一品。調味料を足しながら、自分で好みの味に仕上げるのが醍醐味。

TOP5!

台南で食べてほしい意麺（yì miàn）

ハマること間違いなし！

1 名前のない意麺屋
無名だからこそ惹かれる

店の名前がないという神秘的な魅力に負けないくらい、感動的な味。特別な味つけが一切ないのに美味しいワケは、きっとこの麺に隠されている。汁なしの「乾麺」を注文したら、調味料で辛さも加えてみて。意麺のおいしさの秘密に迫るなら、このお店が一押し。

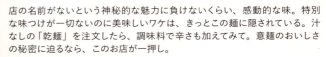

腹八分目がちょうどいい！

2 阿龍意麵
台南の誰もが知る有名店

麺が4種から選べて嬉しい。ごぼうを練りこんだ麺とノーマルの麺は通年メニュー。夏はにんじん、冬はほうれん草の麺が味わえる。麺の上にはひき肉とチャーシューがどさっとのっている。すべての麺を制覇したくなる、誘惑たっぷりの店。

3 金華路小杜意麵
あっちじゃなくてこっちのお店！

現地で人気の「小杜意麵」とはまた別の店なので注意。麺の上には、トロトロになるまで煮込んだ細切れの豚肉がかかっていて、その味つけが特徴的。意麺を食べ慣れた人にとっても新鮮！ 玄人向けの意麺。

しっかりした麺がおいしい!!

台南のあの味を台北で
台南意麵

意麺を食べたいけど台南まではなかなか行けないなぁ、という人に朗報！ 台北にもおいしい意麺を味わえるお店がある。しかも"台湾の渋谷"と呼ばれる繁華街・西門で。ぜひ台南の意麺と食べ比べてみて。

何度でも食べたくなる味

そのほかのおすすめ
汁なし麺
福大山東蒸餃大王

しっかり太めの、うどんのように真っ白な麺に、角切りのシイタケや豆干（干し豆腐）、ひき肉をのせ、特製のタレをかけ、混ぜていただく炸醬麺。テーブルの辣油をひとかけすると一気に味に深みが増す。ぜひ試してみて！

鍋 guō

台湾の鍋はシチュエーションが肝

台湾で「今日は鍋を食べよう」と決めても、そこからまだ多くの選択肢がある。どんな鍋を食べるかは、その時の気分はもちろん、どんな状況で、どんな人と行くかによって決まる。少人数向け、大人数向け、カジュアルな店から高級店までバリエーションが豊富。

少人数でちょっぴり贅沢な鍋を。

(1人あたり予算：300〜500元　人数：1〜4人)

刷刷鍋 (shuā shuā guō)

あっさりダシに肉をしゃぶしゃぶと浸して食べる。数人で行っても1人ずつ鍋が用意される。野菜がたっぷりでヘルシーなのもいい。

台北 OWN HOT POT 旺客鍋坊
バーカウンターがあっておしゃれ。味もいい。

台北 阿紅的刷刷鍋
鍋屋の多い通り・吉林路の人気店。何人で行っても1人1鍋。

旅の疲れがふっとぶ!!

夏でも冬でも食べる庶民派グツグツ鍋。

(1人あたり予算：100元〜　人数：1〜4人)

臭臭鍋 (chòu chòu guō)

(写真左) 臭豆腐入りだが、煮込んであるので匂いはそこまで気にならない。

泡菜鍋 (pào cài guō)

(右) 泡菜＝キムチ。台湾流のキムチは、甘味と酸味がある。

高雄 楊記麻辣臭臭鍋
地元の人で賑わう店。冬粉(春雨のような麺)を追加すると◎

台湾全土 三媽臭臭鍋
台湾で最も有名な臭臭鍋のチェーン。ホルモンや野菜たっぷり。

特別な日にみんなと味わう鍋。

（ 1人あたり予算：500〜1000元
人数：4〜10人 ）

酸菜白肉鍋
(suān cài bái ròu guō)

（写真左）白菜の漬物と豚肉の鍋。白菜の酸っぱさと豚肉の甘みが絶妙。

麻辣鍋
(má là guō)

（右）麻（山椒）、辣（唐辛子）の辛さ。しびれる辛さが癖になり、食べたあとの汗が心地よい。

台中　老舅的家郷味
海外の国賓も多く訪れてきた有名店。

台北　鼎王麻辣鍋
台北で鍋といえばここ。店員の丁寧すぎるお辞儀に注目！

円卓を囲むのも楽しい

大勢でわいわい鍋を突っつきたい。

（ 1人あたり予算：300〜500元
人数：4〜10人 ）

干鍋
(gān guō)

（写真左）唐辛子や薬味をベースとした、スパイシー汁なし鍋。

薑母鴨
(jiāng mǔ yā)

（右）冬の定番、アヒルの肉を生姜で煮込んだ、ポカポカ薬膳鍋。

燒酒雞
(shāo jiǔ jī)

台湾の米酒を使った鶏鍋。家庭でも親しまれる栄養満点の一品。

高雄　大宅門干鍋鴨頭
干鍋は、具材を食べたらスープを入れて別の味を楽しむ。

新北　霸味薑母鴨
店で飼育するアヒルが新鮮。寒い台北の冬にぴったり。

熱炒 rè chǎo

お酒を飲むなら、台湾式居酒屋へ

台湾の飲食店では、晩酌をあまり見ない。台湾人にとってお酒は、普段の食事とは別。お祝いや宴の席で、美味しい料理を囲みながら飲むものらしい。そんな、ここぞという日に行くのが「熱炒」だ。台湾人の友達ができたら、連れて行ってもらおう。

熱炒でのお酒ガイド

> 台湾の夜は長いのだ

① むやみに乾杯をしない
「乾杯＝gān bēi」は、台湾では文字通り「杯を乾かす」、つまり一気に飲むこと。1杯めは瓶ビールをグラスに注ぎ合って乾杯！

② 小さなコップ7分目がマナー
日本だと、お酌はグラスに並々と注ぐのが良いとされるが、台湾では半分ちょっと注ぐのがエチケット。乾杯をするときに一口で飲めるようにするからだ。

③ ビールに氷を入れよう
台湾のビールは日本よりも味がさっぱり。さらに瓶ビールを氷の入ったグラスに注いで飲む習慣があり、薄いのでどんどん飲めてしまう。

④ 飲みたい分だけ冷蔵庫からセルフで
ビールを含む、すべての飲み物は大きな冷蔵庫の中から自分で持ってきて開ける。最後に瓶の数を数えて会計する。

⑤ 「酒促辣妹」に気をつけて
熱炒には、セクシーな格好をしたビールの売り子がいる。薦められるがまま、飲みすぎるのは禁物。

おすすめ熱炒

みんなで盛り上ろう！

台北　中央市場生猛活海鮮
台北随一の熱炒ロード！

台北市内にある熱炒ロードの長安東路。ここはたくさんの熱炒の店が立ち並ぶ。なかでもおすすめはココ。入り口に水槽があるのは熱炒の定番。新鮮な魚を自分で選んで調理してもらえる。熱炒の中でも大型店で常に混み合っている。

台北　一代佳人炭烤店＆八仙碳烤
ビアガーデン型で居心地バツグン！

台北最大の市民公園・大安森林公園の前にある2つの熱炒。どちらの店も2階がビアガーデン風になっていて、心地よい台湾の風とビールは最高に幸せだ。長安東路の熱炒よりは混まない穴場の熱炒。

台南　沙卡里巴啤酒屋
ぶっちぎりインパクト大の「サ・カ・リ・バ」。

今まで行ったなかで、一番インパクトが強かった熱炒。店名は日本語の「盛り場」の発音を当て字にしている。レンガ造りの建物は1930年代からあるという。店内に入るとレトロな巨大看板がお出迎え。強烈な空間で、台南の夜を楽しもう。

麵包
miàn bāo

世界でもハイレベルのパンを

台湾にはパン屋が多い。しかもハズレが少ない。「包」の文化があるから、小麦粉はお手のもの、なのかも。ラインナップは菓子パン中心で、時間が経ってもモチモチと弾力がなくならないのが特徴。大盤振る舞いで試食させてくれる店も多い。

台北・高雄
呉寶春麥方店
世界 No.1 のパンの味

パンの世界大会チャンピオンの店。おすすめは、08 年アジアーに選ばれたリュウガンとワインのパン「酒醸桂堰圓麵包」と、10 年に世界一となったライチとバラの「荔枝玫瑰麵包」。他にも種類豊富。弾力ある生地で噛むほどにおいしい。平日の正午頃なら行列を避けられるかも。

「荔枝玫瑰麵包」350 元。
顔よりも大きく、ずっしりと重い。

並んででも食べたい！

夜市で発見！
屋外のパン屋

台北 維多利亞烘焙工坊
"街のパン屋さん"の風情

新埔駅近くの店。ここのパンを嫌い、と言う人に会ったことがないほどの評判だ。何と言っても生地が素晴らしい。どんな具材にも、味つけにも合う引き立て上手だ。イチオシはクランベリーチーズパン。両手で抱えるほど大きいので、切り分けてもらって、ちょこちょこ食べよう。

台湾人の台所とも呼ぶべき夜市では、パン屋も露店を出すことがある。ここは、台南の大東夜市。道の端に置かれたテーブルに、所狭しとパンが陳列される。あの、回転式の虫除けは日本にもあるのか？　ちょっと異様。翌朝のパンを買って帰ろう。

★一言中国語　「(パンを小分けに) 切りますか？」＝要切嗎？ (yào qiē ma)
切ってほしければ「要切 (yào qiē)」、必要なければ「不要切 (bú yào qiē)」

速食店
sù shí diàn

台湾オリジナルのファストフードを食べる

台湾にも、マクドナルド「麥當勞」やケンタッキー「肯德基」はあるが、せっかくならオリジナルの店に行こう。伝統の味を西洋の味とミックスした予想もつかないメニューは、一度食べたら忘れない。

意外とハマる!!

台北・台中 頂呱呱

"台湾のケンタッキー"と呼ばれる店。ぜひ食べて欲しいのは、もち米を鶏皮で包んで香ばしく揚げた「呱呱包」。これにオリジナルチキン、ほんのり甘いさつまいも揚げ、パンがついたボリューム満点のセット「3號餐人氣呱呱餐（139元）」がおすすめ。

台南・高雄 丹丹漢堡

ここでも、台湾式のメニューが楽しめる。温かいとろみのあるスープに細麺が入った、台湾のローカルフード「麵線」とハンバーガーやチキンがセットとなった独自のスタイル。麵線の鰹だしがハンバーガーと意外にもマッチする。台湾南部に行ったら、試してみよう。

| 店舗情報 | 西門店 | 台北市萬華區昆明街 92-2 號 |
| | 台中向上店 | 台中市西區向上路一段 238 號 |

| 店舗情報 | 成功店 | 台南市北區成功路 380 號 |
| | 西子灣店 | 高雄市鼓山區臨海二路 24 號 |

超市 chāo shì

台湾の超市（スーパー）活用術

現地の人の生活を覗いてみるなら、24時間営業のスーパーマーケット「頂好wellcome」へ。お菓子や日用品が安価で多種揃うので、お土産にもおすすめ。ここでは調味料をピックアップ。何かにちょいと足すだけで台湾のあの味を再現できる!?

ちょい足しに使えるアレコレ

① 椒鹽粉

台湾で食べる鶏排（骨付きチキン）は、日本のフライドチキンにはない、何とも言えないスパイシーさがある。そんな味を日本でも味わうための調味料がこれ。ふりかけるだけで、台湾の味が完成。チャーハンなど炒めものにちょい足しするのもおすすめ。

② 茶葉蛋の素

台湾でおなじみの茶葉蛋（煮卵）が作れるティーパック。卵を固く茹で、適度に割ってヒビを入れる。このティーパックと、卵がかぶる程度の水で2時間煮込むとできあがり。一度に山ほどできるので、大勢集まるときに作って盛り上がろう。

③ 火腿玉米濃湯

火腿（ハム）＋玉米（コーン）＋濃湯（とろみがあるスープ）。沸騰したお湯にこれと溶き卵を入れるだけ。さらに、牛乳を加えるとクリームソースに。パスタにかけて食べてもおいしい。かさばらないのでお土産にピッタリ。

④ 維力炸醬

鍋や炒めもの、豚の角煮など、何に入れてもおいしい万能調味料。一番のおすすめは、炒めたひき肉にこれを加え、茹でて中華麺にのせて食べる方法。台湾の汁なし麺が自宅で作れる。夏はそうめんに足してもおいしい。

⑤ 魯肉飯の缶詰

なんと台湾の代表的なB級グルメが、自宅で簡単に食べられる！この魯肉飯の缶詰をアツアツの白いご飯にかけるだけ。他に、ビーフンや麺にかけてもおいしい。

⑥ 香油辣椒

台湾の飲食店で食事をすると、よくテーブルに置いてある辛い調味料。水餃子や麺、揚げ物など何にかけてもおいしい。冷蔵庫で保管すれば半年くらいはもつ優等生。日本では、ラー油気分で焼餃子にかけてみてほしい。ぜひお試しあれ！

なんでもあるから心強い！

店舗情報 **頂好 Wellcome**
台湾じゅうに約230店舗ある24h営業（一部除く）のスーパーマーケット

便利商店
biàn lì shāng diàn

コンビニのベストヒットはこれ！

日本でおなじみの「セブンイレブン」や「ファミリーマート（全家）」もあるけど、何かが違う。まず匂い。茶葉蛋（煮卵）の独特な香りが漂っている。商品パッケージも主張強め。何だろう？　どんな味だろう？　このページの商品からチャレンジしてみては？

お気に入りを見つけよう！

（泡麵／カップラーメン）

日本にはない味をお手軽に堪能。
台湾カップラーメン食べ比べ！

満漢大餐 麻辣鍋牛肉麵
辛さ一番！　これぞ台湾カップラーメン
他に類のない刺激的な味。"満漢大餐"とは皇帝しか食べられない豪華な料理のこと。八角の風味と、ピリッとくる辛さ、プリプリのちぢれ麺はスープによく絡む。卵を入れるのもおすすめ。

維力炸醬麵
一度で二度おいしい！
スープと汁なし麺を味わおう
器が二重になっていて、スープと麺を分けて食べることができる。台湾の誰もが知っている懐かしい味のカップラーメン。さっぱりとした味で好き嫌いも分かれないので、お土産にもおすすめ。

統一麵 肉燥風味
シンプルな味ながら
パッケージも可愛いカップラーメン！
シンプルな味ながら、食べれば食べるほど癖になる。レトロなパッケージが可愛く、味や麺（米麵もあり）の種類で色分けされている。全種類食べ比べてみるのもいいかも。

（便利商店的飲料／コンビニドリンク）

味も形も台湾ならでは！
コンビニドリンクコレクション。

茶裏王
一番スタンダードな
お茶はコレ
お茶が飲みたいとき、迷ったらこれ。緑茶や烏龍茶、紅茶は無糖・有糖が選べて、どれも癖のない味。夏の台湾は、水分補給が何より大事。カバンに忍ばせておけば安心だ。

木瓜牛乳
甘くて美味しい
デザート飲料
パックで大容量！　濃厚過ぎず、さらっと飲めるので、デザート感覚で飲んでみてほしい。シリーズでもう一つ、西瓜（スイカ）もあるが、イチオシは木瓜（パパイヤ）。

AB
フレーバーいろいろ
ヨーグルト
台湾の飲むヨーグルトは日本のものより甘め。なかでもこのABは、量もちょうどよくオススメ。見た目は何の変哲もないが、見つけたら飲んでみてほしい。

Information 食リスト

巻末の地図では、オレンジ色のスポット●を見つけよう！
本文で紹介しきれなかったおすすめスポットも掲載しました。

飲料・甜點（ドリンク＆スイーツ）

台北市
苦茶之家：大同區長安西路 244 號 (P.2 A-2)
明星西點麵包廠：萬華區武昌街一段 7 號 (P.2 A-3)
永富冰淇淋：萬華區貴陽街二段 68 號 (P.4 A-2)
白鬍子：大安區忠孝東路 4 段 205 巷 29 弄 8 號 (P.5 B-3)
慈誠宮簡記木瓜牛奶：士林區大南路 84 號 士林慈誠宮前 (MRT 士林駅から徒歩)
一級棒奶茶：文山區景美街 86 號 (MRT 景美駅から徒歩)
Lattea 綠蓋茶館：新北市淡水區中正路 11 巷 1 號 3F (MRT 淡水駅から徒歩)

台中市
美軍豆乳冰：西區民生路 380-2 號 (P.7 A-2)
中華麻糬大王：中區中華路 2 段 4 號 (P.7 B-2)
陳記牛乳大王：中區中華路 1 段 121 號 (P.7 B-2)
太空紅茶冰：西區樂群街 41-1 號 (P.7 B-3)
春水堂 四維店：西區四維街 30 號 (P.7 B-3)
INO ice：北區太平路 75 巷 7 號 (P.7 C-2)
ADD 艾得咖啡：北區太平路 81-1 號 (P.7 C-2)
三時茶房：北區太平路 107 巷 11 號 (P.7 C-2)
茗陽甘蔗牛乳大王：東區忠孝路合作街口 (忠孝夜市内) (P.7 C-3)
大甲芋頭城：西屯區福星路 461 巷 2-2 號 (P.8 A)
三時冰菓店：北屯區東山里橫坑巷 20 號 (バス停 大坑円環から徒歩)

台南市
水星杏仁豆腐冰：中西區臨安路一段 277 號 (P.9 A-1)
泰成水果店：中西區正興街 80 號 (P.9 A-2)
王氏富屋金焦條雞蛋糕：中西區國華街二段 165 號 (P.9 A-2)
茂記黑豆花大王：中西區民族路二段 409 號 (P.9 B-2)

高雄市
鄭老牌木瓜牛奶：新興區六合二路 1 號 (P.10 B-3)

諭泉紅茶豆漿：新興區忠孝一路 252 號 (P.10 B-3)
斗六冰城：苓雅區海邊路 57 號 (P.11 A)

台東市
陳記麻糬：博愛路 186 號 (P.13 C-2)

花蓮市
曾記麻糬：國聯一路 79 號 (P.14 B-1)
南僑古早味冷飲店：中山路 201 號 (P.14 B-3)
廟口紅茶：成功街 218 號 (P.14 B-3)
黎明紅茶：南京街 185 號 (P.14 B-3)

包

台北市
老蔡水煎包 漢口店：中正區漢口街一段 32 號 (P.2 A-3)
老蔡水煎包 許昌店：中正區許昌街 26-1 號 (P.2 B-3)
老蔡水煎包 開封街店：中正區開封街一段 2 號 -58 (P.3 A-3)

台中市
向上水餃：西區中美街 183 號 (P.7 A-2)
苟不理天津湯包：東區信義街 63 號 (P.7 C-3)
台中肉圓：南區復興路三段 529 號 (P.7 C-3)

台南市
武廟肉圓：中西區永福路二段 225 號 (大天后宮廟前) (P.9 B-2)
南方公園湯包店：中西區中山路 125 號 (P.9 B-2)

高雄市
興隆居：前金區六合二路 186 號 (P.10 A-3)
興隆居二店：新興區復興一路 25 號 (P.10 B-3)

花蓮市
周家蒸餃：公正街 4-20 號 (P.14 B-3)
公正包子店：中山路 199-2 號 (P.14 B-3)
戴記扁食：中華路 120 號 (P.14 B-3)

宜蘭市
南塘水餃館：宜蘭市聖後街 85 號 (P.15 A)

正好鮮肉小籠包：宜蘭市泰山路 25 號 -1 (P.15 A)
林記鮮肉小湯包：羅東鎮長春路 26 巷 6 號 (P.15 C)

飯

台北市
東一排骨總店：中正區延平南路 61 號 2F (P.2 A-3)
貞食寮：中正區懷寧街 15 號 (P.2 A-3)
梁記嘉義雞肉飯：中山區松江路 90 巷 19 號 (P.2 C-2)
金峰魯肉飯：中正區羅斯福路一段 10 號 -1 (P.4 C-3)

新北市
五燈獎豬腳魯肉飯：三重區自強路一段 119 號 (MRT 三重國小駅から徒歩)

台中市
民生嘉義米糕：西區建國路 51-3 號 (P.7 C-3)

台南市
永樂米糕：中西區國華街三段 171 號 (P.9 A-2)
亞德當歸鴨：中西區國華街三段 180 號 (P.9 A-2)
矮仔成蝦仁飯：中西區海安路一段 66 號 (P.9 A-3)
阿滿．小炒：中西區武英街 17 號 (P.9 A-3)
東門圓環蝦仁飯：東區大同路一段 4 號 (P.9 B-3)
嘉義廖火雞肉飯：東區府連路 148 號 (P.9 C-3)

高雄市
七賢鴨肉飯：前金區七賢二路 220 號 (P.10 A-3)

台東市
阿水伯魯肉飯：正氣路 174 號 (P.13 C-3)

花蓮市
阿柱油飯：中山路 475-5 號 (P.14 B-2)

台東市
阿水伯魯肉飯：正氣路 174 號 (P.13 C-3)

宜蘭
廟口廖榮川米糕：蘇澳鎮江夏路 9 號 (P.15 B)

麵

台北市
西門町鴨肉扁：萬華區中華路一段 98-2 號 (P.2 A-3)
福大山東蒸餃大王：中山區中山北路一段 140 巷 11 號 (P.2 B-2)
老虎醬溫州大餛飩：中山區南京東路一段 58 號 (P.2 C-2)
永康牛肉麵：大安區金山南路二段 31 巷 17 號 (P.3 A-1)
台南意麵：萬華區峨眉街 90 號 (P.4 A-1)
四鄉五島馬祖麵食館：中山區遼寧街 7 號 (P.5 A-2)

台南市
金華路小杜意麵：中西區金華路四段 102 號 (P.9 A-2)
小杜意麵：中西區友愛街 143 號 (P.9 A-2)
名前のない意麵屋：中西區民生路 2 段 110 號 (P.9 A-2)
阿龍意麵：中西區府前路一段 62 號 (P.9 B-3)
小豆豆 鍋燒意麵：中西區樹林街二段 105 號 (P.9 B-3)

台東市
老東台米苔目：大同路 151 號 (P.13 C-3)

鍋

台北市
OWN HOT POT 旺客鍋坊：大同區長安西路 45-1 號 (P.2 B-2)
阿紅的刷刷鍋：中山區吉林路 249 號 (P.2 C-1)
三媽臭臭鍋：萬華區昆明街 85 號 (P.4 A-1)
鼎王麻辣鍋：松山區光復北路 89 號 (P.5 B-2)

新北市
霸味薑母鴨：三重區重陽路一段 98 號 (MRT 三重駅から徒歩)

台中市
小漁兒燒酒雞：西區篤行路 151 號 (P.7 B-2)
老舅的家鄉味：中區自由路二段 78 號 (P.7 C-2)

台南市
食神滷味：東區育樂街 177 號 (P.9 C-2)

高雄市
楊記麻辣臭臭鍋：三民區中華三路 265 號 (P.10 A-2)
大宅門千鍋鴨頭：左營區自由二路 338 號 (MRT 巨蛋駅から徒歩)

熱炒（居酒屋）

台北市
中央市場生猛活海鮮：中山區長安東路一段 52 號 (P.2 C-3)
一代佳人炭烤店：大安區新生南路二段 28 號 (P.3 A-1)
打咔生猛海鮮餐廳：中正區羅斯福路一段 43 號 (P.4 C-3)

台南市
沙卡里巴啤酒屋：中西區府前路二段 213 號 (P.9 A-2)

高雄市
阪城菜味酒場：鼓山區濱海二路 25 號 (P.11 A)

麵包（パン）

台北市
Mita 米塔手感烘焙：中山區南京東路一段 24 號 (P.2 B-2)
樂田麵包屋 GAKUDEN：大安區羅斯福路三段 249 號 (P.3 A-3)
吳寶春麥方店：信義區菸廠路 88 號 (誠品松菸店 B2) (P.5 C-3)

新北市
維多利亞烘焙工坊：板橋區民生路三段 30 號 (MRT 新埔駅から徒歩)

高雄市
吳寶春麥方店 本店：苓雅區四維三路 19 號 (P.11 B)

台東市
曙光森林：更生路 556 號 (P.13 B-1)

台湾語を使ってみよう！

台湾の公用語は、中国語（中文 zhōng wén）。対して、もともと台湾で使われていた言葉を台湾語（台語 tái yǔ）と呼び、現在もお年寄りや南部の人が話している。台湾語は、音だけで伝えられてきた言葉。歴史のおさらいもしつつ、簡単な言葉から覚えてみよう。

◎ 台湾語の成り立ち

かつて台湾には、様々な部族が住んでいて、言語もバラバラだった。17世紀からはオランダの植民地だったが、中国大陸の鄭成功が政権を掌握、その後、中国の福建省に編入され、同省から多くの人々が台湾に移住したため、彼らの話す閩南語をベースに台湾語が成立したと言われている。その後、日本の統治下での日本語教育ののち、戦後は中国国民党が台湾語の使用を禁じ、中国語（北京語）を公用語に指定。ただし、1987年に戒厳令が解かれると、言語の自由が認められた。

◎ 台湾語の基本フレーズ

台湾では、日常会話やテレビ番組やドラマでも、台湾語が混ざった中国語が話されている。台湾人に台湾語で話しかけたら、きっとすごく喜ばれるはず。

こんにちは　　→ リーホウ
ありがとう　　→ ドウシャー
ごめんなさい　→ パイセー
おいしい　　　→ ホウジャ
嬉しい　　　　→ ファンヒー

◎ 台湾語のなかに残る日本語

日本統治時代に行われた教育の影響で、台湾語の中には日本語がいくつも残っている。

おじさん　　　→ オウジーサン
おばさん　　　→ オウバーサン
気持ち　　　　→ キモチ
ラジオ　　　　→ ラジオ
トマト　　　　→ トマト
お餅　　　　　→ モアヂー
カバン　　　　→ カバン
ネクタイ　　　→ ネクタイ
バイク　　　　→ オートーバイ
ライター　　　→ ライター
世界　　　　　→ セカイ
畳　　　　　　→ タタミ
運転手　　　　→ ウンチャン
頭が硬い（バカ）　→ アタマコンクリ

体験

旅のスパイスに、台湾でしかできない体験をしてみよう。伝統文化を肌で感じたり、地元の人で賑わうレジャースポットに飛び込んでみたり。観光地からあと一歩、足を踏み入れて、お土産話のネタにもなる、色濃い思い出を!

伝統芸能
chuán tǒng yì néng

迫力満点 台湾百年来のパフォーマンス

伝統のパフォーマンスアートを鑑賞できる、台北戯棚（タイペイ・アイ）。観光スポットとしては定番だけど、侮るなかれ！ 脈々と受け継がれてきた高度な技と、台湾らしい華やかな演出をじっくり堪能しよう。

演者の呼吸が聞こえるくらいの臨場感。アクロバティックな演技は圧巻！

開演のちょっと前に会場に入ると、役者たちがメイクの真っ最中。歌舞伎の隈取のように、色彩によって人物の個性を際立たせる。素の顔が変化する過程を間近でじっくり見られるので、役者への親近感がぐっと湧いてくる。

歌劇場が街にあらわれる！

台湾南部では、街なかで伝統芸能に出会える可能性が高い。これはサーカスのように移動式の歌劇場。台湾語なのでセリフはわからないかもしれないけど、色鮮やかな舞台や衣装、賑やかなパフォーマンスは一見の価値あり！

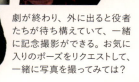

劇が終わり、外に出ると役者たちが待ち構えていて、一緒に記念撮影ができる。お気に入りのポーズをリクエストして、一緒に写真を撮ってみては？

プログラムは、京劇や舞踏、雑技など、日ごとに異なる。京劇は言葉がわからないと難しそう、と尻込みしがちだけど、実はそのストーリーは、役者の動作を目で追うだけで伝わってくるほど明快。左右のスクリーンには日本語の字幕も流れるため、理解には困らない。

★一言中国語　「感動しました」＝感動了！（Gǎn dòng le!）

美容
měi róng

伝統美容で、リフレッシュ！

台湾の路地裏や夜市には、昔ながらの美容法を体験できるところがある。ローカルな場所はちょっと勇気がいるけど、土産話のネタにはもってこい。お店の人とやりとりすれば、台湾人との距離もぐっと近くなるはず。

挽面 (wǎn miàn)

ムダ毛を細い糸で絡めとって抜く、台湾伝統の美容法。施術士は、手や口で端を持って糸をあやつる。角質除去の効果もあり、顔色が明るく、肌もつるつるに。肌が弱い人は、まず顔以外で試してみよう。

☞ おすすめは「紀老師挽臉」
（男女とも 250 元／約 15 分）

坐著洗頭 (zuòzhe xǐtóu)

座ったままシャンプーしてもらえる、日本にはない美容体験。休憩がてら、さくっと行こう。田中のイチオシは、男子専門、昔ながらの理髪店。地元の理髪師さんとのおしゃべりと小ざっぱりした店内がいい感じ。

（ゴシゴシ豪快に洗ってもらう。）

☞ おすすめは、「幸福理髮店（台北・西門）」だったが、寂しいことに最近閉店。

刮痧 (guā shā)

水牛の角で皮膚をこすって、血液の流れを促し、滞っている体内の毒素を排出する伝統療法。台湾人は、夏の暑さで熱中症にかかったときや風邪で体力が落ちているときに自分の家でするのだとか。

（赤いアザにはぎょっとするけど、そんなに痛くない！）

これを塗った後にこするとスーッとして気持ちいい！

☞ おすすめは、「天信堂足體會館」
（男女とも 400 元／約 30 分）

★一言中国語★　「気持ちいい！」＝很舒服！（Hěn shùfu!）

龍山寺でパーフェクトな参拝をマスターしよう！

miao

台湾にはたくさんの廟（＝お寺）がある。旧正月や、拝拝の日（旧暦の1日と15日）は参拝者で身動きもとれないほど混雑する。特にここ、龍山寺は台湾一の賑わい。パーフェクトな参拝ができれば、台湾の神様も一目置いてくれるかも。

願いごとが叶ったら、お礼参りを忘れずに！

参拝方法

1 入口「龍門」から境内に入り、左手の出口「虎門」から出るのがルール。敷居を踏まないように、左足から入る。

2 入って右脇にある売店で線香を購入する（7本10元）。

3 バーナーですべての線香に火をつけ、まずは前殿の釈迦三尊を参拝。線香を両手で持って頭上に掲げ、3回礼をする。同時に心の中で名前、住所、生年月日、願いごとを唱える。これが済んだら、前殿と本殿の間にある Ⓐ「觀音爐」に線香を1本入れる。

4 本殿の階段を上がり、御本尊・聖観世音菩薩を参拝する。終わったら、2本目を Ⓑ「天公爐」に入れる。

5 本殿の右側を通って、19の神様が祀られるそれぞれを参拝しながら、Ⓒ「文昌爐」Ⓓ「水仙爐」Ⓔ「媽祖爐」Ⓕ「註生爐」Ⓖ「關帝爐」に残りの線香を1本ずつ入れる。

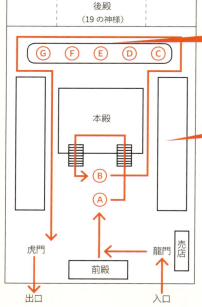

恋愛運ならおまかせ、月下老人。

一か所ずつ、入念にお祈りしよう。

後殿に祀られる主な神様

文昌帝君…学業と試験の神様。受験生は、神様の前にある「准考證影本放置處」に受験票のコピーを投函して、合格祈願しよう。

福徳正神…商売と土地の神様。豊作祈願はここでしよう。

水仙尊王…海と貿易の神。中国・唐代の詩人、李白の生まれ変わりという説も。

太陰星君…美をつかさどる女神。美人を目指すならここで念入りに。

註生娘娘…子宝と安産の女神。子供の身を守る役目も。神様の前には出産後のお礼参りで供えられた蘭の花でいっぱい。

関聖帝君…三国志の関羽。商売・武術の神様。

月下老人…良縁をつかさどる神様。賽銭を投げ入れ、自己紹介をしよう。赤い糸を受け取れるかは、赤い半月型のおみくじ次第。

★一言中国語★ 「万事うまくいきますように」＝万事如意（wàn shì rú yì）

郵局
yóu jú

台湾から手紙を送ってみよう

街で郵便局を見つけたら、台湾のハガキを買って、日本の友人や家族に手紙を送ろう。日記のようにそのときの気持ちをつづって自分宛に送ると、旅の記念にもなる。旅の最終日に、お世話になった台湾人にお礼の手紙を出してみるのもいい。

台湾の友人に手紙を送る

台湾でお世話になった友達に、感謝の手紙を送ろう。送り主は「寄件人」、送り先は「收件人」。住所を書くときは注意しよう。ハガキやポストカードにもそれぞれの住所の上に「寄件人／收件人」を書いておくと◎

郵便局の中は日本とそっくり。地方の大きな店舗だと換金もできるから便利だ。

台湾の郵便局は、「郵局」。緑色の看板が目印。

緑は国内行き、赤はエアメールと速達の郵便物を投函する。

台湾オリジナルの切手を買おう

郵便局では、記念切手も購入可能。その土地ごとの限定切手や鉄道の切手は、日本ではまず手に入らないから、お土産におすすめ。

花蓮と台東をつなぐ電車の記念切手。

台湾の伝統美術の切手も種類がいろいろ。

日本へ荷物を送る

雑貨や本を購入したら、キャリーケースがいっぱい。そんなときは、まとめて日本へ郵送をしよう※。台湾から日本へ荷物を送る方法は3つ。

国際快捷郵件（EMS）2〜3日で届く。
重量制限30kg。0.5kgまで450元、
1kgまで530元。以降0.5kgごとに80元加算。

国際包裹航空（航空便）7〜10日で届く。
重量制限20kg。0.5kgまで425元、
1kgまで480元。以降0.5kgごとに55元加算。

水陸（船便）20〜30日で届く。
重量制限20kg。1kgまで400元。
以降1kgごとに30元加算。

※品物の側面や税関告知書、送り状に「別送品」と書き手続きすると、20万円まで免税される。

★一言中国語★　「日本まで送りたい」＝寄到日本（jì dào rìběn）

こんなにゴージャス!? 台湾式カラオケ

台湾ではカラオケのことを KTV と呼ぶ。ビュッフェスタイルの食事があるのが特徴。楽しく歌ってお腹も満たされる。金・土の夜は人気が高く、普段お酒を飲まない台湾人も、ここへ来るとスイッチが入り、ハイテンションで盛り上がる。

広い部屋で歌えてサイコー!

心ゆくまで TAIWAN-POP を!

台湾人のカラオケスタイルは実に自由だ。歌いたい人は歌い、食事に夢中な人は食べ、大声で喋る人もいたり、みんなが気まま。日本のように気を遣う必要はない。

料金の相場
時間帯や部屋のサイズで料金が異なる。 1 時間の部屋代×利用時間+飲食代+サービス料というのが基本。 例)「銭櫃 PARTY WORLD」(チェーン店) 定員 7 人の部屋代:1 時間あたり 350 〜 700 元

豪華な外観

日本のカラオケルームは、「狭くて、薄暗い、簡素な個室」のイメージだが、台湾の KTV はそのイメージとまったく逆。高級ホテルと見紛うほど豪華なエントランス。室内も広々としていて快適だ。

夜な夜なテンションアゲアゲ〜!

日本語の曲も、あるけれど……。

台湾では J-POP も大人気。台湾人の友達に教えてあげようかしらと探してみたら、表記がちょっと変だったり、ラインナップがやや古い。

★一言中国語★ 「曲を入れる」= 點歌 (diǎn gē)

游泳池
yóu yǒng chí

台中のプールでバカンス

暑い最中、ひと泳ぎしたいなら、海水浴に行くのもいいけれど、どの地域にもある市民プールを利用するという手もある。地元の人や家族連れが多いけど、観光客だって入ってOK。私たちのおすすめは、台中市内にある「美誼游泳池」。

南国ならではのプール体験!!

屋外プールが魅力

他の市民プールと比べてみても、屋外の開放感がたまらなくいい。観光客がほとんど立ち寄らないプールは、ローカルな空気を味わうには絶好のスポットなのだ。

ここ「美誼游泳池」は、室内だけでなく、屋外にもプールがある。入場料200元で一日中いられる。プールサイドはヤシの木の下に寝椅子。ちょっとしたリゾート気分を味わうにもいい。

「游泳池」
＝プールのこと。

「飛び込み禁止」。
マナーは守って楽しく泳ごう。

★一言中国語★ 「水着を着る」＝穿泳衣（chuāng yǒng yī）

Information 体験リスト

巻末の地図では、黄緑色のスポット●を見つけよう！
本文で紹介しきれなかった情報も掲載しました。

伝統芸能

台北戯棚（タイペイ・アイ）
台北市中山北路二段 113 號（P.2 B-1）
19 時開場／20 時開演
月水金　550 元（60 分）　土　880 元（90 分）
日本語のホームページあり。事前にその日のプログラムがチェックできて、チケット購入も可。
日本語HP　http://www.taipeieye.com/ja/

挽面

紀老師挽臉
龍山店
台北市萬華區龍山寺地下商場街 11 號（P.4 A-2）
饒河店
台北市松山區饒河街 132 號（MRT 松山駅から徒歩）
行天宮地下 占い横丁の店
台北市中山區民權東路二段 109 號（MRT 行天宮駅から徒歩）
地下街や夜市で、挽面の店を営むおばちゃんたちは多い。

坐著洗頭

雙燕美髮院
台南市中西區衛民街 78 號（P.9 B-2）
台南にある老舗店。看板やお店の外観も雰囲気がいい。

刮痧

天信堂足體會館
台北市萬華區華西街 28 號（MRT 龍山駅から徒歩）
台北で最もディープな「華西街観光夜市」。この夜市は特にマッサージ店が多いが、一番のおすすめはココ。足裏マッサージが最高。

廟

龍山寺
台北市萬華區広州街 211 號（P.4 A-2）
MRT 龍山寺駅の周辺は、麻雀やおしゃべりで座り込む老人たちでいっぱい。

各地の代表的なお寺

台北
行天宮・台北霞海城隍廟・關渡宮・松山慈祐宮・珊瑚貝殼廟
台中
台中南天宮・城隍廟・開隆宮
台南
台南孔子廟
高雄
高雄左營孔子廟・旗津天后宮

郵局

台北北門郵局
台北市中正區忠孝西路一段 118 號（P.2 A-3）
月 - 金 7 時半〜21 時　土 8 時半〜16 時半　日 8 時半〜12 時
他の店舗より遅くまで営業している、台北の本局。各地の本局では土日も営業があり、両替サービスをしているところもあるので、チェックしておこう。空港内にも郵便局がある。

各地の本局

台中民權路郵局
台中市中區民權路 86 號
台南成功路郵局
台南市北區成功路 6、8 號
高雄新興郵局
高雄市新興區中正三路 177、179 號
花蓮國安郵局
花蓮市中山路 408 號
宜蘭中山郵局
宜蘭市中山路三段 130 號
台東大同路郵局
台東市大同路 126 號

KTV

PARTY WORLD 錢櫃（全国に 16 店舗あり）
ビッグサイズのカラオケ店。部屋ごとに価格が決まっているので、大人数がお得。
台北林森店
台北市中山區林森北路 312 號
台南西門店
台南市中西區和意路 99 號

HOLIDAY KTV 好樂迪（全国に 50 店舗あり）
台湾で最も多いカラオケ・チェーン。価格はバイキングの食事込みで、1 人ずつ支払うので少人数も◎
西寧店
台北市萬華區西寧南路 62 號
美村店
台中市西區美村路 1 段 272 號
三多店
高雄市苓雅區中華四路 2 號

星聚點 KTV（台北に 3 店舗あり）
1 部屋あたりの代金（料理は別料金）と、1 人あたりの代金（バイキング料金込み）、2 つのプランから選べる。
台北西門館
台北市萬華區成都路 81 號
台北復興館
台北市松山區復興北路 15 號

游泳池

美誼游泳池
台中市五權西路一段 224 號（P.7 A-2）
5 時半〜21 時半（時期によって変動あり）
200 元で 1 日中いられる。屋内・屋外プール、ジャグジー、サウナあり。

旅遊

台湾の見所は、もちろん首都・台北だけじゃない。移動のハードルがやや高くても、アドベンチャー気分で足を伸ばしてみよう。ここでは、台湾を一周する「環島」案内に始まり、各地域の特色を知れる場所をピックアップ。遠い、なんて言わずにぜひ！

環島
huán dǎo

7日間でできる台湾一周
LIPのおすすめコースはこれ！

台湾では島を一周するのを「環島」という。自転車やバイクで周るのは絶対楽しいけれど、異国の地ではハードルが高い。電車やバスの乗り継ぎで巡ってみよう。地方ごとに変化する特色を見つけるのが楽しい。長期休暇がとれたらぜひ。

START 開始!!

day1 台中
day2-3 台南
day4 高雄
day5 台東
day6 花蓮
day7 宜蘭
台北

DAY 1 台中

都市・台北からちょっと南下するだけで、ぐっとローカルな雰囲気に。

【移動】台北車站→台中火車站 バス
（Ubus 統聯客運）約2時間半／260元

宮原眼科 台中随一の観光スポット。台中駅からすぐ。（→ P.45）
雑貨店や文具店 おすすめは大誠街というストリート。（→ P.37）
逢甲夜市 台中の人気スポット。台湾最大規模の夜市。市内からタクシーで20分。（→ P.56）
中華路夜市 台湾一、歴史のある夜市。地元の人の台所といったローカルな雰囲気。学生街のような逢甲夜市とスタイルが異なるので、ハシゴしてみるのもいい。

【宿泊】🏠 Forro Cafe （→ P.93）

DAY 2 台南①

さらに南へ行くと、"南国感"が強くなる。古い街並みも楽しい。

【移動】台中火車站→台南火車站 電車
（特急「自強號」）約2時間／360元

自転車散策 歴史的建造物（赤崁樓／孔子廟／林百貨）や台南のグルメを楽しもう。
神農老街 古い街並みをぶらぶら散歩。ライトアップされた夜に行くのがおすすめ。
熱炒「沙卡里巴」 大勢で盛り上がる台湾式居酒屋。旅で出会った友人を誘ってみよう。（→ P.67）
★台南市内は自転車移動が便利。レンタルサイクルのある宿も。

【宿泊】🏠 Dorm1828、天天樂など（→ P.93）

DAY 3 台南②

バスに乗って郊外へ。大自然のパワーを浴びて、旅の疲れも吹き飛ばそう。

【移動】台南火車站→安平古堡（約30分）
→四草生態文化園區（約20分）
→七股鹽山（約1時間） バス

安平樹屋／四草綠色隧道／七股鹽山 郊外に足を伸ばして自然を満喫しよう。（→ P.88）
BAR「FREE WILL」 台南の夜は、テラスのあるバーで。（→ P.49）
★環島のちょうど中間地点。遠出をして疲れたら、夜はゆったりからだを休めよう。

DAY 4 高雄

あらゆる夜市のなかでも、フェリーで行く夜市は新感覚。海の幸を味わえる。

移動 台南火車站→高雄車站 🚆
(特急「自強號」) 約30分／106元

駁二芸術特区 倉庫をリノベーションした芸術空間。時期が合えばコスモス畑も。
一二三亭 哈瑪星エリアの日本人街に残る、大正モダンな書店喫茶。(→ P.44)
旗津夜市 フェリーで行く夜市。新鮮な魚介に舌鼓。(→ P.56)

【宿泊】🏠 Chez kiki (→ P.94)

DAY 6 花蓮

鉄道の旅、おともにはおいしい駅弁を。海岸の散歩はここでするのがベスト。

移動 台東火車站→花蓮車站 🚆
(特急「自強號」) 約3時間／343元

池上弁当 台湾のコシヒカリと言われる「池上米」が美味しい。台東駅の売店で購入しよう。
七星潭風景區 どこまでも続く海を見ていると旅の疲れも忘れる。(→ P.89)
公正包子店 肉まんのような、もっちり皮にジューシーな餡。台湾の包子はここで味わうべし。(→ P.58)
雑貨屋 花蓮で雑貨を探すなら、MADE IN TAIWANの宝庫「清安行」。(→ P.35)

【宿泊】🏠 Sparkle Hostel

DAY 7 宜蘭

ゴールの台北まで、もう少しだけ田舎を満喫。文化も吸収し尽くして。

移動 花蓮車站→宜蘭車站 🚆
(普悠瑪號) 約1時間／223元

台湾戯劇館 台湾の伝統芸能の魅力に触れよう。(→ P.92)
羅東夜市 最終日、もし夜まで体力が持てば、ローカル色の強い羅東夜市へ。(在来線で宜蘭から約10分／23元)

GOAL

DAY 5 台東

山と海がすぐそばにあって、夜風が気持ちいい。絶景スポットを歩いて見つけよう。

移動 高雄車站→台東火車站 🚆
(特急「自強號」) 約2時間半／362元

台東帆布行 店の雨よけに使われる素材でできたバッグ＝ルーフバッグ。防水で便利。(→ P.39)
鐵花村 台湾の音楽を楽しむ広場。(→ P.87)

【宿泊】🏠 有人在家 (→ P.94)

環島のコツ

その1. 宿と電車は、出発前にリサーチ＆予約
現地調達や直前の変更は、言葉が自由に話せないとちょっとリスキー。行き当たりばったりの旅もスリリングで面白いが、あたふたして時間を消耗するくらいなら、事前準備を。

その2. 離島に行くなら時間に余裕を持って
体力が余っていたら、離島にチャレンジ。台東から蘭嶼島に行くなら、事前の飛行機予約が必須。夏休みなどピーク時以外は観光客が極端に少なく、人数が集まらなかったことによる運休がよくあるので、注意。

その3. 電車こそ寝ないで
電車に乗り込み、おいしい駅弁を頬張る。あ〜おいしかった、と同時に睡魔が…。窓の外には台湾のローカルな風景が広がっている。せっかくのシャッターチャンスを無駄にしないようにしよう。

その4. 万が一のために、お金は多めに持って行こう
旅にはハプニングやトラブルはつきもの。地方でクレジットカードが使えない、時間通りにバスが来ない、タクシーがつかまらない、などど苦戦すると、どうしてもお金に頼ってしまうかもしれない。

その5. 紙の地図を持とう
各エリアで、紙の地図を買って書きこもう。ネットで逐一行き先を調べるのも便利だが、紙の地図にいろいろ書いていくと、旅を終えたあと、思い出の品ができる。地理感覚も、紙の地図だと格段につかみやすい。どのコンビニでも購入できる。

その6. 長袖や虫さされ薬を常備しよう
台湾の南部や東部の山の中に行くなら、長袖の上着や虫さされ薬を持参した方がいい。旅の途中、夜市や手近な店で買ってもいいが、何かあってからでは遅いので、事前準備を。

わざわざ行きたい！in 台中

台湾紅茶の名産地

絶品！有機栽培の紅茶を味わう

台湾のお茶は、鉄観音茶や凍頂烏龍茶だけじゃない。実は紅茶もおいしい。台中の隣町・南投に行ったなら工場見学をしてみては？「日月潭」という湖のほとりで生産される紅茶が上質と評判だ。ここでは、「日月老茶廠」という工場をご紹介する。

バスを降りて、茶畑を眺めながら坂を上ると、年季の入った工場にたどり着く。中に入ると、摘みとられた茶葉を巨大な機械で加工する過程を間近で見学させてもらえる。1階の売店では、台湾産の紅茶を試飲しながら購入できる。人気があるのは有機農法で作られた、台茶8号（アッサム）と18号（紅玉）。お土産にピッタリ。

歴史を感じさせる外観1959年創業のクラシックな看板が素敵。

あたり一面、紅茶の茶畑が広がっている。

新鮮な茶葉を摘んでいるところも見学できる。

苦みのないまろやかな味を生む製茶機。

茶葉の香りにパッと目が覚めるね！

紅茶はお土産にすると喜ばれそう。

DATA 日月老茶廠
- 南投縣魚池鄉中明村有水巷38號
- 8〜17時（年中無休）
- 台中駅からバスで約1時間半。「台湾好行」または「南投客運」の日月潭行きに乗り、「日月老茶廠」下車。

わざわざ行きたい！in 台東
台東の音楽村

多様な音楽……でもそれだけじゃない！

台東カルチャーの中心スポット「鐵花村」。敷地内にあるライブハウスに鳴り響く音楽は、バラエティ豊かで現代的な音楽だけでなく、原住民が多い土地柄、伝統的な音楽も受け継がれている。キャリアもまちまちで、驚くことに中学生バンドから大御所までが同じステージに立つ。バーやフリーマーケットの行われる広場もある。

鐵花村の音楽ライブのチケットは当日販売。出演者によって料金は異なるが、アマチュアバンドの演奏は、ワンドリンクを購入すれば座って聴ける。金〜日曜は、広場でフリーマーケット「慢市集」が開催される。現地の人々のクラフトや手作りの味を楽しめる。

注目は、毎週水曜にライブハウスで開かれるエントリー制のイベント。出演したい人は黒板に名前を書けばOK、というなんともゆるいシステム。1日6組まで出演できる。

DATA 鐵花村

🏠 台東市新生路135巷26號
🕐 14〜22時
ライブハウス「音楽聚落」
🕐 水〜土 20〜22時／日 17〜18時（月火休）
バー・ショップ「慢市集一」
🕐 火〜日 14〜22時（月休）
フリーマーケット「假日慢市集」
🕐 金 16〜22時／土日 15時半〜22時（月-木休）
🚌 台東火車站からバスで約20分。「台湾好行」の「東部海岸線」か「旅服中心」行きに乗り、「旅服中心」で下車。

アーティストの有名・無名は関係なし。フレンドリーでリラックスした雰囲気のなかで、多種多様な音楽に出会える。

屋外では、池上米や蜂蜜などの地産品も味わえる。原住民テイストのアクセサリーや、デザイン雑貨の店もおすすめ。夜風を感じながら、台東を思う存分楽しもう。

もともとは台湾鉄道の宿舎があった場所。2010年にリノベーションして鐵花村となった。

わざわざ行きたい！in 台南
台南の自然と遊ぼう

こんな景色、見たことない！

台南に来たら、古都や夜市も見どころたっぷりで楽しいが、それだけで帰るのはもったいない。ちょっと足を伸ばして七股・安平エリアへ。他にはない、ダイナミックな自然と出会うならこの3スポット！

七股鹽山

海が近いこのエリアは、台湾最大の製塩場だった。時代の流れに逆らえず閉鎖したのち、観光スポットに。面積1ヘクタール、高さ20メートルの巨大な塩山に登ろう。

DATA
- 台南市七股郷鹽埕村 66 號
- 9〜18 時（年中無休）
- 台南駅からバスで約1時間半。「台湾好行 99」に乗って「七股鹽山」で下車。

安平樹屋 Tree House

まるでアニメに出てくる世界。廃墟となった倉庫を、長い年月をかけて成長したガジュマルの木が覆い尽くした。ミシュラン・グリーンガイドで2つ星を獲得。

DATA
- 台南市安平區古堡街 108 號
- 8〜17 時半（年中無休）
- 台南駅からバスで約30分。「台湾好行 99」に乗って「安平古堡」で下車。

四草緑色隧道

台湾にアマゾン川が……!? なんと船に乗ってマングローブが見学できる。船に乗るときに、菅笠と救命胴衣が渡される。小さなカニや水鳥なども観察できる。

DATA
- 台南市安南區四草里大衆路 360 號
- 土日祝日 9〜17 時半（平日は 14 時半発のみ運行）
- 台南駅からバスで約40分。「台湾好行 99」に乗って「四草生態文化園區」で下車。

わざわざ行きたい！
in 花蓮／台北

海へ行こう

台湾随一のオーシャンブルーは必見

台湾で観光していると、意外に「島国」ということを忘れちゃう。もちろん海水浴もできる。6月の端午節を過ぎると、日本より一足早く夏がやってくる。花蓮の「七星潭風景區」は、水がどこまでも澄んできれいだ。海岸散歩もおすすめ。

台湾の海が大好き！
街だけめぐるのはもったいない！

DATA　七星潭風景區
🏠 花蓮県新城郷
🚌 花蓮市内からタクシーで約20分／「北埔駅」から徒歩。

DATA　白沙灣
🏠 新北市石門區
🚌 台北MRT淡水駅からバスで約1時間半。「淡水客運」の基隆行きに乗って、「白沙灣駅」で下車。淡水駅からタクシーも可。ただしほとんどの運転手が「定額500元」と少し割高。

（写真上・右）七星潭風景區は、古くは小さな漁村だったらしい。美しい弧をなした海岸に、小石がゴロゴロ転がっている。海の近くには、民宿も多いので、泊りがけで海水浴を楽しむのもいい。

（左）台北から海へ行くなら、「白沙灣」。市内から1時間半でアクセスできる。日本と同じく、海のそばには海の家。おすすめは、「秘密海湾民宿」。1階がカフェ、2階が民宿になっている。

わざわざ行きたい！in 高雄
パワースポット "龍虎塔"

湖に高くそびえる神秘タワー

高雄の観光地としておなじみ。「蓮池潭」という湖にそびえ立つ龍と虎を見て、映画『西瓜』を思い出したなら、あなたは台湾通。クネクネの道を通って、大きな口を入って中へ。螺旋階段をあがった先は、湖が一望できる絶景ポイント。

蓮池潭は、高雄市の北部・左營區にある全長1.4kmほどの湖。周囲には、春秋閣や孔子廟など、龍虎塔以外にも、極彩色の仏教モニュメントが並んでいる。入場は無料だが、ところどころでお賽銭を入れるところがある。

修復中の建物の色付けを手伝わせてもらうことに。

塔の壁画の中でも、プッと笑ってしまうお気に入り。

龍の中には、罪人が死後地獄で刑罰を受ける図が、虎には、天国で極楽生活をする図が描かれている。

塔の上まで登ってみよう。

DATA 蓮池潭
- 高雄市左營區蓮潭路
- 7時半〜18時半（年中無休）
- 左營駅からタクシーで10分弱

台湾の友人は龍虎塔が好きで好きで、背中にタトゥーを入れるまでに！

わざわざ行きたい！in 石門

巨大寺院"金剛宮"

驚愕！台湾一カオスなお寺

仏教や道教、バラモン教など、台湾で信仰される宗教の神様、仏様が、なぜか一堂に会してしまったカオスな寺院。しかもその仏像や銅像は、よくよく見るとヘンテコで、ツッコミどころ満載。いちいちツッコんで回ると日が暮れる。大きな涅槃像や立体になった地獄絵図にもびっくり。摩訶不思議なスピリチュアルスポット！

最初に、このお盆を購入。お経や悪魔の絵が描かれた紙、お守りがのっている。

お盆にのった紙は、最後にすべて焼却し、邪気を追い払う。お守りだけはもらえる。

効き目がありますように…！

淡水駅から海沿いをバスに揺られて約40分。台北郊外の田舎道に、突如として秘宝館のような建物が現れる。A〜Fまでエリアに分けられた広大な敷地を順に回ろう。お寺のFacebookに「いいね！」するとお守りがもらえたり、参拝を終えるとコーヒーを提供してくれたりと、お寺らしくない一面も。

DATA 金剛宮
🏠 新北市石門區崁子腳41之3號
🕘 9〜17時（年中無休）
🚌 台北MRT 淡水駅からバスで約40分。862線なら「新十八王公」、863線なら「富基漁港」で下車。

四つ目の仏像だらけ。ちょっと怖い……。

目からにゅ〜っと手が出る神様。グッズ展開もあり、お土産コーナーで大プッシュされている！

わざわざ行きたい！in 宜蘭
「歌仔戯」の博物館

伝統戯曲の真髄を味わう

宜蘭まで行ったならここは訪ねてほしい。台湾伝統芸能の「歌仔戯」や人形劇「布袋劇」がテーマの博物館だ。実際に使われた衣装や小道具が豊富に展示してある。手仕事の繊細さ、独特のデザインに目が奪われる。

宜蘭の文化と言えば、台湾オペラと呼ばれる「歌仔戯」を語る人が多い。廟のお祭りで披露されることが多く、地元に古くから伝わる逸話が演じられる。言葉がわからなくても、大丈夫。賑やかな音楽にのせた台湾語の独特な節回し、派手な宮廷衣装と化粧だけでも見応え十分。ここ台湾戯劇館では、そんな伝統芸能の世界を知るための、文物や舞台の模型の展示、音楽を紹介するコーナーがある。

これはなんだろう!?

どの人形も表情豊か。衣装の違いも楽しんで。

独特な色使いの刺繍は、目を見張る美しさ。

DATA 台湾戯劇館
🏠 宜蘭市復興路二段 101 號
🕐 火 - 金 9 〜 12 時 / 13 〜 17 時
　土日 9 〜 17 時　（月曜休・月末休）
🚌 宜蘭駅から徒歩約 20 分、またはバス 771 線に乗って、「文化中心」で下車

民宿
mín sù

ひと味違う宿選び

一日の疲れを癒す宿。ホテルは予約もしやすく、快適かもしれない。だけど、僕らがおすすめする民宿は、それだけでは物足りない人向け。台湾には、旅の刺激になる、宿がぞくぞくと生まれている。

Forro cafe

台中

オーナーはミュージシャン。もともとライブハウスが少なかった台中に、ライブスペースとカフェと民宿が合体した店をオープン。ライブがある日は、アーティストも同じ宿に泊まる。音楽通にとっては穴場スポット。

1泊：1人部屋1300元〜／2人部屋2240元〜。wifi 有。
1階カフェでの朝食つき。英語可

Dorm1828

台南

台南の東區エリア。成功大学の学生街の路地にある大型のゲストハウス。3人部屋やドミトリーまで様々なタイプの部屋を用意している。スタッフから、台南のおすすめスポットやお店など、ローカル情報をゲットしよう。

1泊：2人部屋1400元〜。wifi 有。観光に便利なレンタサイクルあり。
オリジナルの台南MAPをもらって、いざ出発。

天天樂

台南

台南のグルメ通り・國華街にある2階建ての古民家。Air BnBに登録されていて、一軒家を丸ごとリーズナブルに借りられる。住宅地の一角なので、まるで引っ越してきた気分でご近所さんと交流できるのも、ここならでは。

1泊：1泊2人1100元〜。wifi 無。シャワー室あり／トイレ共同。
近隣にはおすすめカフェ「秘氏咖啡」あり。

※ Air BnBとは？　空き部屋や施設を宿泊場所として登録し、貸し出すサービス。世界190カ国以上で利用されている。

Chez kiki

高雄

旅の指南もしてくれる宿。「去去高雄 (chill chill kaohsiung project)」というプロジェクトの主催団体のひとつとして、国外の観光客を対象とした高雄文化ツアーのプロデュースや、台湾料理の教室を企画するなど、高雄独自の文化を発信している。

1泊：ドミトリー部屋1人500元〜。wifi 有。リビングには台湾のカルチャーや旅の本が置かれ、一部販売もあり。

有人在家

台東

台東の市内から、車で約20分。山の中に建つ民家が宿になっている。街の喧騒から離れ、台東の豊かな自然を思う存分楽しめる。市内まで送り迎えしてもらえるので、アクセスの心配も無用。

1泊：4人部屋1800元〜。wifi 有。台東市内まで送迎あり。虫が多いので虫さされ薬は必須。

The New Days

宜蘭

宜蘭の漁村・南方澳に、古くからあるホテル「日新飯店」をリノベーションした民宿。白を基調に隅々まで洗練された空間。ギャラリーが併設され、カルチャー誌を発行するなど、地域文化を発信する場としても注目が集まる。

1泊：2人部屋1600元〜／4人部屋 3200元〜。wifi 有。民宿オリジナルのシャンプー・ボディーソープもおすすめ。

Information 民宿リスト

巻末の地図では、紫色のスポット●を見つけよう！
本文で紹介しきれなかった情報も掲載しました。

台北市

Star Hostel
大同區華陰街 50 號 4 F (P.2 A-2)

町．記憶旅店
萬華區昆明街 119 號 (P.4 A-1)

Reused Hostel 再造＿民宿
北投區文林北路 156 號 2F (MRT 明徳駅から徒歩)

台中市

INO home
西區美村路一段 564 巷 27 號 (P.7 A-3)

背包 41
中區繼光街 59 號 (P.7 C-3)

Forro cafe
西區精誠三街 47 號 (P.8 B)

台南市

正興咖啡館
中西區國華街三段 43 號 (P.9 A-2)

天天樂
中西區國華街三段 123 號 -208 (P.9 A-2)

宿囍 Backpacker
中西區樹林街二段 328 巷 10 號 (P.9 B-3)

Good Garden hostel 谷園客棧
中西區中山路 79 巷 66 號 (P.9 B-2)

Dorm 1828：宿舍
東區大學路 18 巷 28 號 (P.9 C-2)

跳房子
安平區延平路 104 巷 4 號 (バス停 安平古堡から徒歩)

高雄市

Chez kiki
新興區五福一街 24-1 號 (P.10 B-3)

山蘇 lukot INN
鼓山區臨海二路 56 巷 21 號 (P.11 A)

叁捌。旅居
鹽埕區五福四路 226 號 (P.11 A)

台東

晃晃二手書店
台東市新生路 503 巷 8 號 (P.13 A-2)

有人在家
卑南鄉利嘉村利民路 99 巷 11 號 (市内まで送迎あり)

花蓮市

Sparkle Hostel 花蓮花火青年民宿
國民一街 38 號 3 F (P.14 A-1)

說時依舊
節約街 6 號 (P.14 B-3)

連雀通 23 番
節約街 23 號 (P.14 B-3)

宜蘭

The New Days
蘇澳鎮江夏路 53 號 (P.15 B)

予約・宿泊のコツ

メールやインターネットで予約をするときは、以下の表現がわかるとスムーズです。

◎ 基本的な用語
・姓名（xìng míng）＝名前
・電子郵件（diàn zi yóu jiàn）＝メールアドレス
・身分證字號（shēn fen zhèng zi hào）／護照號碼（hù zhào hào mǎ）
＝身分証番号／パスポート番号
・房型（fáng xíng）＝部屋のタイプ
・單人房（dān rén fáng）＝シングルルーム
・雙人房（shuāng rén fáng）＝ダブルルーム
・雙床雙人房（shuāng chuáng shuāng rén fáng）＝ツインルーム

◎ 基本的な表現
「我要預約 ＿＿＿ 間 單人房」
(wǒ yào yùyuē ＿＿＿ jiān dān rén fáng)
＝「シングルを ＿＿＿ 部屋予約したいです」

「我要預約 ＿＿＿ 床 mixed dorm」
(wǒ yào yùyuē ＿＿ chuáng mixed dorm)
＝「ドミトリーのベッドを ＿＿＿ 個予約したいです」

◎ メールのフォーマット
・入住人數 ＿＿＿ 人 ＝宿泊人数 ＿＿＿ 人
・抵達日期 ＿＿＿ 月 ＿＿＿ 號
＝チェックインする日 ＿＿＿ 月 ＿＿＿ 日
・退房日期 ＿＿＿ 月 ＿＿＿ 號
＝チェックアウトする日 ＿＿＿ 月 ＿＿＿ 日

◎ 代金の支払いについて
基本的には、当日の現金払い。一部の宿では、予約時に料金の一部をデポジットとして支払う場合がある。その際は、クレジットカードか paypal での支払いが便利。

文化

私たちが追いかけ、発信する現在進行形の台湾カルチャーを紹介。映画、音楽、書籍、ファッション、若者たちの集うマーケットやインターネット上の流行も、日本と共通するものがあってとっつきやすい。

電影
diàn yǐng

映画カルチャーを知る

台湾映画といえば、ここ数年、日本の人気俳優の出演がニュースとなったり、ミニシアターで昔の名作が一挙上映されたり、日本でも話題にのぼることが増えたが、まだまだメジャーとは言い難い。好きな台湾人の監督をふたり言えたら、台湾人も「おっ、観ているな！」と思ってくれて、一歩踏み込んだ会話が始まるかも。

台湾映画の特徴とは、一体何だろう。私たちがまず思い浮かべるのは、筋書きを説明しがたい、叙情を楽しむような作品だ。派手なアクションや、起承転結のくっきりしたエンタメ要素は少なめ、と言えるかもしれない。けれど、鑑賞後、記憶に残るシーンが必ずある。とっつきづらいかもしれないが、噛めば噛むほど味が出る、スルメのような魅力があるのだ。

台湾映画を楽しむコツ 1 歴史・社会を知る

台湾の歴史や時代ごとの社会情勢をテーマに描いた作品に触れよう。史実がもとになっているので、人物や出来事への理解が深められる。

『セデック・バレ』
（原題：『賽德克・巴萊』）
日本統治下の台湾で起きた原住民・セデック族による抗日暴動「霧社事件」がテーマ。

写真協力　公益財団法人川喜多記念映画文化財団

『悲情城市』
（原題：『悲情城市』）
台湾映画最大の傑作。1947年の「二・二八事件」を中心に激動の戦後と人々の生き様を描く。

『モンガに散る』
（原題：『艋舺』）
1980年代、民主化が進む台湾で、極道に生きる若者の友情と絆を映し出す。

台湾映画を楽しむコツ 2 ライフスタイルを知る

青春ドラマやラブストーリーには、台湾人の日常の営みや、独自の価値観が滲み出ている。現地を歩いていても見えてこない、彼らの生活を描いた作品を観よう。

台湾の冠婚葬祭

『ウェディング・バンケット』
（原題：『喜宴』）
NYに住むゲイの台湾人青年の偽装結婚を巡るヒューマン・ラブストーリー。

『父の初七日』
（原題：『父後七日』）
父の死後から葬儀まで、ヒロインの7日間を描いた優しさとユーモアあふれる感動作。

学生たちの青春

『九月に降る風』
（原題：『九降風』）
新竹市、卒業を間近に控えた高校3年生たちの友情が瑞々しい。

『あの頃、君を追いかけた』
（原題：『那些年，我們一起追的女孩』）
台湾で社会現象まで巻き起こした、実話をもとにした青春ラブストーリー。

『藍色夏恋』
（原題：『藍色大門』）
17歳の少年少女がおりなす、夏の甘酸っぱい日々が描かれている。

都会の暮らし

『LOVE GO GO』
（原題：『愛情來了』）
台北に暮らす何をやってもイマイチな男女3人の日常をポップに描いたラブコメディー。

『台北の朝、僕は恋をする』
（原題：『一頁台北』）
失恋中の主人公と書店員の女の子が、台北の夜を舞台に疾走するロマンティックストーリー。

『ヤンヤン夏の想い出』
（原題：『一一　Yi Yi: A One and a Two』）
現代の台北を舞台に、都市に住む家族の現実と直面する問題をリアルに描いた長編大作。

台湾映画を楽しむコツ 3 聖地巡礼に出かける

観光スポットとしてお馴染みのところから、あまり知られないところまで。作品を見てからロケ地に行ってみるのも良い。訪れた場所が映画に出てくることもあるかも!?

★ 台北
『GF*BF』(原題:『女朋友。男朋友』)
中正記念堂
『ウエストゲート No.6』(原題:『六號出口』)
西門駅6番出口
『台北の朝、僕は恋をする』(原題:『一頁台北』)
師大夜市
誠品書店
『LOVE GO GO』(原題:『愛情來了』)
台北市立動物園
『モンガに散る』(原題:『艋舺』)
龍山寺

★ 新北
『あの頃、君を追いかけた』(原題:『那些年,我們一起追女孩』)
白沙灣
『悲情城市』(原題:『悲情城市』)
九份
『台北に舞う雪』(原題:『台北飄雪』)
平渓車站
菁桐車站

★ 台中
台中監獄
『好男好女』(原題:『好男好女』)

★ 嘉義
『KANO〜1931 海の向こうの甲子園〜』
(原題:『KANO』)
嘉義市野球場

★ 花蓮
『花蓮の夏』(原題:『盛夏光年』)
七星潭海岸

★ 台南

★ 高雄
『深海 Blue Cha-Cha』(原題:『深海』)
愛河
旗津輪渡船(フェリー)
『西瓜』(原題:『天邊一朵雲』)
龍虎塔

『KANO〜1931 海の向こうの甲子園〜』
(原題:『KANO』)
烏山頭ダム

★ 墾丁
『海角七号 君思う、国境の南』
(原題:『海角七號』)
墾丁國家公園南灣海水浴場

DVD 情報

「台北の朝、僕は恋をする DVD」発売・販売元:アミューズソフト 3,800円 © 2010 Atom Cinema /greenskyfilms/All rights reserved、「あの頃、君を追いかけた」発売・販売元:マクザム Blu-ray MX-523SB 6,264円 / DVD MX-523S 5,184円 ©Sony Music Entertainment Taiwan Ltd.、「台北に舞う雪」発売・販売元:エプコット 3,990円 © 2009 北京博納影視文化交流有限公司 "台北に舞う雪" 製作委員会 博納影視娛樂有限公司、「侯孝賢 傑作選 DVD-BOX 90年代 +「珈琲時光」篇」発売・販売元:松竹 20,304円 ©1995 松竹株式会社・FFEIII ／©1996 松竹株式会社／©1998 松竹株式会社／©2003 松竹株式会社・朝日新聞社・住友商事・衛星劇場・IMAGICA、「KANO〜1931 海の向こうの甲子園〜 DVD」発売・販売元:アニプレックス 4,104円 © 果子電影、「海角七号/君想う、国境の南」発売・販売元:マクザム BD:MX-400SB 4,800円 ／DVD:MX-191B 1,523円 ©2008 ARS Film Production. All Rights Reserved. 価格はすべて税込。

音楽 yīn yuè

台湾カルチャーの玄関口

僕、田中が台湾カルチャーを好きになったきっかけは、音楽だ。発音の複雑な中国語の歌は新鮮だが、サウンドやメロディは不思議と日本人の僕の耳にも馴染んだ。現地で聴いていた曲を流すと、いつでもあのとき、あの場所にタイムスリップできる。最近、台湾音楽が日本で流れることが増えた。日本のフェスやライブに出演するだけじゃない。日本でメジャーデビューや新曲をリリースするアーティストも、珍しくない。知らずに聴いていた音楽が、台湾カルチャーとの出会いになっているかも。日本と同じく、CDの売り上げは下火だが、CDショップがネットラジオを放送したり、レーベルがカフェを営んだり、新しい発信の場が増えている。現地で深堀りするのもいい。

台湾音楽に出会おう！ 1
ネットで好みのアーティストを発見する

まずは、台湾でどんな音楽が流行っているのか、自分はどんなアーティストや楽曲が好きなのかを知ろう。音楽配信サイトを使えば深くまで掘り下げられる。

LIP 田中の台湾音楽プレイリスト

#01 陳綺貞「華麗的冒険」
大人気女性ヴォーカリスト・陳綺貞の中で一番好きな曲。女性にカラオケで歌って欲しい。

#02 hush！樂團「空中的戀人」
台湾の眩しい朝に聴きたくなる一曲。晴れた空にぴったり。

#03 糯米糰 Sticky Rice「巴黎草苺」
台湾への興味を一気に引き寄せた運命の曲。渋谷系を思わせるソフトロック。

#04 盧廣仲「慢靈魂」
初めて台湾に長期滞在したとき、毎日聴いていた台湾のハナレグミ・盧廣仲の一曲。

#05 透明雜誌「性的地獄」
台湾のインディーズで活躍し、日本でメジャーデビューしたロックバンド。バンド名も当時衝撃的だった。

#06 落日飛車「Little Monkey Rides On The Little Donkey」
台湾インディーズ界に衝撃を与えた実力派バンド。ガレージロック好きにおすすめ。

#07 陳雷「歡喜就好」
台湾の北島三郎とも呼べる大御所・陳雷の若かりし頃の代表曲。

#08 張懸「寶貝」
台湾のシンガーソングライター張懸の名曲。簡単なギターコードなので真似して弾く人も多い。

#09 MC HotDog 熱狗「MC 來了」
台湾ラップ界の人気アーティスト。雪が降らない台湾のクリスマスソング。

#10 倪安東「散場的擁抱」
台湾のメジャー音楽に多いピアノベースのバラード曲の中で1番好きな曲。カラオケで歌えるとかっこいい。

#11 Frandé「受寵若驚」
台湾にはあまりなかったエレクトロサウンドとボーカルのふんわりとした歌声がマッチした曲。

#12 韋禮安「還是會」
さわやかなルックスの男性シンガーソングライター。大人気ドラマ『イタズラな恋愛白書』のテーマ曲。

#13 伍佰 &China Blue「牽掛」
「伍佰老師」と敬称される、台湾の大ベテラン歌手が結成したバンドの名曲。映画『愛情來了』の挿入歌。

ここで見つかる！おすすめ音楽サイト

KKBOX
アジア最大、台湾発の定額制音楽配信サービス
http://www.kkbox.com

Street voice
インディーズで活動するアーティスト中心に自身の楽曲を公開する音楽カルチャーサイト
http://tw.streetvoice.com

台湾音楽に出会おう！2
現地で体感する

生の音楽を体感できるライブハウス。台湾への旅が決まったら、各店のサイトをチェックし、お目当てのアーティストを探そう。

ライブハウス

- Ⓐ 中〜大型ライブハウス
- Ⓑ 小〜中型のローカルライブハウス
- Ⓒ カフェやレストランなどと複合型ライブハウス

台北

Ⓐ
河岸留言西門紅樓展演館
台北市萬華區西寧南路177號

The WALL
台北市羅斯福路四段200號 B1

Legacy Taipei 傳音樂展演空間
台北市中正區八德路一段一號／華山1914創意文化園區／中5A館

ATT SHOW BOX
台北市信義區松壽路12號 7F

Ⓑ
Legacy mini @ amba
台北市武昌街二段77號 5F

PIPE Live Music
台北市中正區思源街1號

Revolver Bar
台北市中正區羅斯福路一段1-2號

Sappho Live
台北市大安區 安和路一段102巷1號 B1

小地方展演空間
台北市中正區杭州南路一段147號

City Café 音樂花房
(屋外) 台北市信義區忠孝東路五段8號

The PARK 公園展演空間
台北市大安區復興南路2段27號 B1

杰克音樂
台北市萬華區昆明街76號 B1

Ⓒ
河岸留言音樂藝文咖啡
台北市羅斯福路三段244巷2號 B1

海邊的卡夫卡
台北市中正區羅斯福路三段244巷2號 2F

女巫店
台北市大安區新生南路三段56巷7號 1F

雅痞 Art Reading Cafe
台北市大安區四維路154巷7號 1F

台北月見ル君想フ
台北市大安區潮州街102號

1967 文創咖啡館
台北市大安區光復南路116巷9號 1F

A House／螢火蟲
台北市大安區復興南路一段107巷5弄18號

桃園

Ⓑ **ThERE CAFE & LIVE HOUsE**
桃園市復興路454號 B1

台中

Ⓐ **Legacy Taichung 傳音樂展演空間**
台中市西屯區安和路117號

Ⓐ **TADA 方舟**
台中市南區復興路三段362號

Ⓑ **迴響音樂藝文展演空間**
西屯區河南路二段429號 B1-1

Ⓑ **浮現音樂**
台中市龍井區新興路55巷12號

Ⓒ **Forro Cafe**
台中市精誠三街47號

台南

Ⓑ **Room 335**
台南市中西區康樂街47巷 B1

Ⓒ **Masa Loft**
台南市東區大學路西段53號 3F

高雄

Ⓐ **The WALL 駁二 PIER-2**
鹽埕區大勇路1號 - 駁二藝術特區月光劇場

Ⓐ **Live Warehouse**
鹽埕區大義街2之5號 C10倉庫

Ⓑ **Paramount Bar（百樂門酒館）**
高雄市三民區民族一路70號

Ⓑ **The Mercury 水星酒館**
高雄市左營區國立文路46號

Ⓒ **In Our Time**
高雄市鼓山區蓬萊路99號 B10倉庫

宜蘭

Ⓒ **The WALL 賣捌所**
宜蘭市康樂路38號

台東

Ⓑ **鐵花村**
台東市新生路135巷26號

CDショップ

総合CDショップ

誠品音樂 Eslite Music 敦南誠品音樂館
台北市敦化南路一段245號 B2F

インディーズ音樂CDショップ

White Wabbit Records 小白兔唱片
台北市浦城街21巷1-1號 1F

独立系音樂ショップ

Waiting room
台北市長安西路40巷10弄1號

2manyminds／貳樂號音樂選貨舖
台北市大安區瑞安街136號 2F

風和日麗
台北市大安和平東路三段212巷18號 1F

顏社 KAO!INC.
台北市松山區富錦街346號 1F

書籍 shū jí

ブックカルチャーを覗いてみよう

台湾カルチャーの渦中にいる若者たちは決まって「本」が大好き。彼らにとって、本や雑誌、ZINE などの紙媒体は、大事な情報源であり、自分たちの取り組みを発信するためのツールでもある。また、個人経営の書店がただ本を売るだけでなく、カフェや宿、イベント会場まで一体型で運営する動きも珍しくなくなってきた。そんな場所では、本棚から日本のライフスタイル誌の最新号や、日本人ですら知らないコアな専門書も見つかる。台湾人は、日本の書籍や雑誌に並々ならぬ愛情を持っているみたいだ。私たち日本人も、最新の台湾カルチャーを知りたければ、まず現地の書店に出かけて情報収集するのが早い。言葉の壁はあっても、挫けず楽しめる台湾の出版物について紹介しよう。

「DANCERSHUE」
LYNETTE LIN・著

LEVEL.1 ディープだけど手軽な ZINE で、台湾カルチャーのとっかかりを見つける。

ZINE は装丁に惹かれて欲しくなる!!

ZINE とは、自主制作の出版物のこと。1930 年代アメリカで SF ファンが制作した冊子「FANZINE」が起源。ホッチキスで綴じる簡単なつくりと、ルールに縛られない自由な誌面が、全世界の若者たちに流行。台湾でも 2011 年頃から ZINE という言葉を耳にすることが増えた。ネット通販から始まった台北のブックストア「下北沢世代」は、どこよりも早く海外の ZINE を買いつけ、販売。同じく台北の人気出版社兼書店「田園城市」は、毎年「Zine Zine Fair」を開催し、台湾国内で生まれた ZINE をプッシュしている。ZINE は、写真、文学、イラスト、デザインなど様々な表現のアウトプットの場として、打ってつけだ。さらに、地方では独自のカルチャーや暮らしを発信するローカル誌が生まれている。学生や若者を中心に町おこしを兼ねて、その土地の良さをアピールする誌面を作っているのだ。近年、台湾でもますます地方での暮らしや地産品に目を向ける人が増えている。

台湾でこうした ZINE を発行する人たちは、発想から行動までがとにかく速い。見切り発進できる勢いと潔さがある。それは僕が台湾を好きになった理由のひとつだ。深く考えすぎず、思い立ったらやってみる。失敗したら、そのときにまた次を試せばいい。そんな台湾人と ZINE は相性がいい気がする。

「小島 一號」
小島 xiaodao・著

「3D 透視」
陳昭淵・著

「台灣妖怪地誌」
角斯角斯・著

地方発！カルチャー・マガジン

「貢丸湯」
(新竹)

台北からは車で 1 時間ほどの新竹。貢丸湯とは、この土地名物の肉団子スープのこと。台湾人もまだ知らない新竹の魅力を発信する。

「正興聞」
(台南)

おしゃれな雑貨屋や飲食店が密集する正興街。住人が力を合わせて発行する本誌は、看板娘が表紙を飾るなど、地元愛たっぷり。

「952vazay tamo」
(蘭嶼)

蘭嶼は、原住民のヤミ族が多く住む島だ。20 ～ 30 代の女性 6 人が島の若者たちの声を集め、島の伝統文化を見つめなおしている。

LEVEL.2 わからないところがあってもいい。写真や絵を眺めるだけで楽しい本。

写真集
「SOMETHING ABOUT 2011」
MIKIChang 張雪泡・著

若手の写真家の写真集や、注目の写真家を集めたオムニバスの写真集も増えてきている。言語に関係なく、作品を味わえるのもいい。

料理のレシピ
「夜市美味小吃」
楊淑燕・著

家庭料理のレシピは、台湾独自の調味料を使ったり、調理法も読みとくのが難しい。でも屋台の小皿料理（小吃）を紹介したこの本なら、挑戦しやすい。

台湾ガイドブック
「台北自遊散歩」
施穎芳・著

台湾人が作ったガイドブックの情報は詳しく、鮮度が高い。日本人向けに変換されたものでは満足のいかない、よりローカルな情報を得たい人にはこれ。

歴史を知る本
「躍動的青春」
鄭麗玲・著

かつて日本の統治下にあった台湾。最近では、その時代の街の様子や文化を紹介する書籍や古地図が人気だ。ビジュアルが多く、日本人でも楽しめる。

本屋で探してみて！

LEVEL.3 変化し続ける台湾のリズムに追いつきたい。台湾中毒な上級者は雑誌を読むべし！

「小日子」

スローライフ系のカルチャー誌。暮らしに沿ったクリエイティブなものを紹介。

「秋刀魚」

台湾人の目線で日本が切り取られる。毎号の特集にハッとさせられる。

「BIG ISSUE」

台湾で最も有名なアーロン・ニエ氏の手がける表紙デザインが格好いい。

「聯合文學」

1984年創刊の文芸誌。日本の文学や小説家の特集も多く組まれる。

「VOICES OF PHOTOGRAPHY」

写真の専門誌。国内外の写真家の思想や文化に深く切りこんでいる。

「Shopping Design」

デザインやアートなど、クリエイティブ関連の情報を総合的に取り上げる。

FASHION

Made in Taiwan ブランド

MADE IN TAIWAN!!

Hey!Q

シルエットが特徴的なブランド。ざっくりとした作りに落ち着いたトーンのテキスタイルがマッチして、どことなくレトロな雰囲気を醸し出す。

www.facebook.com/HeyQHeyQ

TanTanStudio

シンプルな形の中に、こだわりがたくさん詰まったブランド。オリジナルなテキスタイルが、唯一無二の不思議な世界観を作り出す。

http://www.tan-tan.la

Boom Boom Kidz

元気いっぱいの弾けた色や形が特徴的なブランド。テレビゲームの世界から飛び出してきたような、少しボーイッシュな女の子がイメージ。

www.facebook.com/BoomBoomKidz

(A)crypsis

斬新なシルエットだが、必ず普遍的な要素が入っているので、流行に左右されないスタイル。刺繍やテキスタイルにもこだわっている。

http://www.acrypsis.com

:EMPHASIZE

パッチワークやデニム生地など、ヴィンテージの古着を彷彿とさせるデザインが魅力的なブランド。季節問わず使えるアイテムが揃う。

www.paishop.com.tw

♡台湾ファッションを盛り上げる各地のおすすめショップ

台北 Flower whispering

台北市忠孝東路4段205巷26弄4號

商品はもちろん、内装へのこだわりが強い。山盛りのぬいぐるみ、ゲーム機を改造した什器、天井モニターでは懐かしの「クリーミーマミ」を上映中。

高雄 Choucas

高雄市左營區立信路266巷14號

オーナーみずから買い付けた商品は、ふんわりしたガーリーなアイテムが多い。内装も可愛らしく、一歩足を踏み入れると、童話の世界に来たかのよう。

台湾ファッション新時代

おしゃれな台湾人が身につけているのは、たいてい欧米や韓国、日本のブランドの服。夜市で見かけるチープで可愛い服もよく見ると韓国製。では、台湾独自のファッションって何だろう。最近、台湾のデザイナーたちによる"Made in Taiwan"のブランドがぞくぞく生まれている。海外ブランドのセレクトショップの経営を経て、自分たちらしいファッションを追求すべくブランドを立ち上げる人もいた。街で人気のショップでも、そんなブランドの服を目にする。若者には"Made in Taiwan"を着るのが誇らしいという価値観も生まれ、多少値が張る服も着実に選ばれている。作り手も受け手も、自分たち主導のファッションを尊重し、盛り上げようとしている。まさに今が、台湾ファッション新時代だ。

Little Treasure

デザインにこだわりつつ、着心地や動きやすさも重視。ワンピースはレースやプリーツがふんだんに使われているのに、ガーリー過ぎないのが◎

www.facebook.com/LittleTreasureCostume

wisdom

男性のかっこいい部分を引き出してくれるブランド。スポーツ・音楽などいろんな要素をミックスさせたコンセプト。

http://www.wisdom2009.com

SYNDRO

ライフスタイルの中に自然と溶け込むような、使いやすいデザインが多い。大人っぽいカジュアルなスタイルをつくるならここで決まり。

http://syndro.tv

chenjingkai

形、色、細かいデザインにまでこだわったシューズブランド。作りもしっかりしていて、長く愛用できる一足が見つかるはず。

https://m.facebook.com/ChenJingkal

台南　日日之森 La Forêt de Soleil

台南市中西區南寧街 100 號

可愛い商品が所狭しと並ぶ店内。靴下などの小物も多いので全身コーディネートできる。ポップな柄物やゆったりとしたシルエットが台湾らしい。

台中　女孩別哭

台中市北區太平路 75 巷 9-1 號

可愛いワンピースを買うならここ！　アジア各地から古着を仕入れているので、国を越えてミックスされた古着のセレクトがとても魅力的。

擺攤
bǎi tān

バイタンカルチャーとは何か？

「擺攤（バイタン）」。日本人には聞きなれないこの言葉は「出店する、露天を出す」という意味だ。夜市に食べ物や雑貨の屋台を出す姿を想像しやすいが、クリエイターが集まる「市集（マーケット）」で作品を売るのも擺攤のひとつ。彼らは手作りのものを様々な場所で売る。市集によく出店する台湾人が「今週は売れ行きが良くなかったから、来週はこれを販売するんだ」と見せてくれたものは、これまでのコンセプトと全く違うものだった。我が道を貫くアーティスト精神みたいなものは感じない。作るものも、属すコミュニティも、移動しながら随時アップデートさせていくのが彼らのスタイル。これこそが、台湾人の生活の基礎「衣食住行」の「行」の考え方なのだ、と納得した。

各地で開催される個性豊かな市集（マーケット）

週末になると、各地でマーケットが開催される。作った商品を毎週末のマーケットで手売りし、生計をたてる人もいる。そんな彼らのことを擺攤族と呼び、そこで出会った仲間を攤友と呼ぶ。彼らにとって市集は、互いの創作やコミュニティを活性化させる大事な場だ。もちろん、日本人が行っても楽しい。マーケットごとに雰囲気、出店者の顔ぶれや商品も異なる。ガイドブックには載らないような、ディープなアートスポットで開催されることもあるので、リサーチして行ってみよう。百聞は一見に如かず！

おすすめ市集

台北 Simple Market（定期）

毎週日曜日、台北のアートスポット「好，丘」で開催されるマーケット。MRT「台北101／世貿」駅から徒歩5分と、アクセスも便利。台湾のマーケットカルチャーを牽引してきただけあって、人気が高い。ファッション雑貨や文房具、陶器、手作りの食べ物など、Made in Taiwan らしいデザインやクリエイティブに出会えるはず。

各地 閣樓日 Girl'z（不定期）

ガーリーで可愛いものが好きな人が集まるマーケット。2、3ヶ月に1度、開催会場は毎回異なるので、FACEBOOKでのチェックを忘れずに。個性あふれる洋服やアクセサリーを買うのはもちろん、趣味が合う者同士の交流も楽しい。マーケットとは別に、深夜の「パジャマパーティ（睡衣派對）」では、座談会やワークショップも。

各地 手_手（定期）

「手作（ハンドメイド）」+「二手（古着）」=「手_手」という名のマーケット。1ヶ月に3か所、アートスポットや歴史的建造物など、各地を巡回しながら開催する。マーケットの傍らにはDJブースがあり、野外で音楽が楽しめるのもいい。ハンドメイドや古着の価値、擺攤族のものづくりに対する強いメッセージが感じられる。

高雄 散歩計劃（定期）

人々が休日に外へ出かけるきっかけを作りたい、という主催者の想いから生まれたアットホームなマーケット。散歩の途中で立ち寄れる雰囲気がある。高雄を拠点に、月2回開かれる。会場は毎回異なるので、気になったらFACEBOOKでチェック。素敵なアーティストや作品に出会いに行こう。

バイタンカルチャーの進化系!?
ピクニックが人気

台北など、都市部の公園では「野餐」=ピクニックイベントが人気を集めている。イベントでは手作りの商品を販売するマーケットの要素だけではなく、音楽ライブを楽しみながら、手作りの料理を持ち込んで、合同のピクニックをする。このイベントの主催であり、合同ピクニックの火付け役は、台北野餐倶樂部 Taipei Picnic Club (http://picnicism.com)。こうしたイベントだけではなく、同じ趣味を持つ友人同士がコンセプトや世界観を統一して、服装や持ち物にこだわったピクニックをする光景も、よく目にする。

上載
shàng zài

アップロードから生まれる次世代カルチャー

インターネットを介したコミュニケーションは、台湾でも広がりを見せている。時代は、一部の発信者のコンテンツを"ダウンロード"して楽しむカルチャーから、一般人が自ら生み出したコンテンツを発信するため"アップロード"するカルチャーに移り変わった。台湾のいたるところでアップロード文化を発見してみよう。

キーワード 1 自拍＝自撮り

三度の飯より自撮り!?　台湾では、女性に限らず、男性も人目を気にせず自撮りを楽しむ。たとえば、飲食店で食事をするとき。日本人は、料理が運ばれてくるとバシャっと撮って「ここの○○がうまい!」とつぶやくが、台湾人はおいしいご飯を食べる自分を撮ってアップロード。

必需品

① 自撮り棒
台湾の夜市にある露店や、街の雑貨屋では、日本よりも格安で購入できる。

② 写真加工アプリ
台湾の携帯アプリランキングでは写真加工アプリが常に上位。撮った写真をさらに美しく、かわいく加工できるアプリは必須。

キーワード 2 SNS

台湾のインターネット普及率は、国民の 80% 以上だという (ITU - ICT Statistics 調べ)。その最大の目的は SNS だ。中でも FACEBOOK は、幅広い年齢層で圧倒的なシェアを誇る。また、ここ 1、2 年でユーザーが急増しているのは、画像共有がメインの instagram だ。

FACEBOOK が LIP と台湾をつないだ！

2010 年頃、日本ではまだ主流ではなかったが、台湾人はみんな当たり前のように FACEBOOK を使っていた。知り合うとすぐに「友達申請」をし、その後も近況を報告し合う。驚いたのは、ある時台湾の地方で地元のおばあちゃんとお話していたら、別れ際に「これ私の FACEBOOK のアカウント!」と渡されたこと。台湾の老若男女がタブレットを利用して FB を使いこなしている。そのおかげで、それまでほとんど知り合いのいなかった台湾で人と繋がり、中国語もそこから多くを学んだ。台湾人の生きた言葉遣いやニュアンスは、どんな教科書にも勝る最良の教材だ。

ソーシャルタレントの影響力

SNS 上で自分のライフスタイルを発信して、人気を集める一般の女の子を、僕たちは"ソーシャルタレント"と呼んでいる。彼女たちの FACEBOOK や instagram のファンは数万人。芸能人顔負けの影響力を持っている。最近では、写真やコメントに限らず、生放送で中継したり、動画を面白く加工してアップロードするのが流行。ソーシャルタレントの中には、SNS 上での人気が注目され、雑誌に登場したり、テレビや CM に出演したり、芸能界デビューしてしまう子もいる。

キーワード 3 クラウドファンディング

日本と同じく、台湾でもクラウドファンディング (群眾募資平台) に注目が集まっている。アート、デザイン、音楽活動、政治や社会活動を応援するものなど、それぞれのサイトごとに特徴がある。

Flying V
2012 年にスタートした台湾最大のクラウドファンディングサイト。

嘖嘖 zeczec
アート・クリエイティブ関連のプロジェクトに特化している。

HereO
デザインや音楽関連のプロジェクトに特化している。

Fuudai
音楽や出版、映画など様々な「夢」の実現を目標にしている。

クラウドファンディングから生まれた一冊の写真集

台湾で 2014 年に起きた学生運動。台湾のカメラマンたちが撮ったドキュメンタリー写真集の印刷費をクラウドファンディング「zeczec」で募集。またたく間に話題になり、集まったのは、なんと合計 700 万台湾ドル。日本円で 2000 万円以上の資金が集まった。

学習

台湾に行くなら、その前に頭に入れておいてほしいのは、現地の言葉と歴史。観光だけでは物足りず、人とかかわりを持ちたい、もっと奥深くまで触れてみたい、そう思ったら、まずはここで予備知識を得よう。

yǔ xué

台湾人と話をしよう！

台湾を訪れたことのある日本人と話すと、「日本語を話せる人が多いね！」という声をよく聞く。日本統治時代に教育を受けた年配者に限ったことではなく、若い世代も片言だけど、積極的に日本語を話すから驚いた、と言うのだ。若者が日本語を勉強するのは、台湾のテレビでも放送される日本のお笑い番組やアニメの内容をきちんと理解したいから。そんな極自然に生まれたモチベーションを保ち、独学でマスターする人も珍しくない。私たちも、台湾に行くなら現地の言葉を少しでも覚えておこう。現地の人との交流も深くなり、よりアクティブな旅になるはずだ。ここでは基礎的な単語から、シチュエーションごとに役立つフレーズを紹介する。

台湾で使われている言葉って？

台北のMRTに乗ると、4種の言語でアナウンスが流れる。台湾の公用語は、中国大陸の標準語である北京語（日本人にとっての「中国語」）。お年寄りや南部の人たちは、戦前から台湾に定住する人の母語である台湾語を、台湾に住んでいる「客家」という民族は客家話を話している。この3つに英語が加わった、4種だ。中国語って難しい、というイメージがあるかもしれないが、実は台湾で話される中国語は、巻き舌を使わないので、大陸の中国語より発音が簡単だと言われる。また、文字は繁體字といって、「広」→「廣」などの旧漢字を使うから、街の看板やメニューは、なんとなく意味がわかるところもあるはず。台湾では発音を「注音」と呼ばれる特殊な記号で表記するけど、この本ではもっと気軽に中国語に触れてもらうために、アクセントの付いたローマ字「拼音（ピンイン）」で表記した。

同じ音でも4つの声調がある

一声 mā　媽　高いトーンのまま伸ばす

二声 má　麻　低いトーンから高いトーンに上げる

三声 mǎ　馬　低くおさえてから少し上げる

四声 mà　罵　高いトーンから一気に下がる

「三声＋三声」は、「二声＋三声」で発音する

nǐ 你 ↗　hǎo 好 ↪

声調のない「軽声」

xiè 謝　xie 謝

4つの声調のどれにも属さないのが、軽声。音の上がり下がりはなく、前の音に添えて軽く発音するだけでOK。

母音と子音の発音をマスターしよう！

◎単母音

中国語の母音は、6個。日本語の「あいうえお」より口をよ〜く動かして発音します。

「a」日本語の「あ」よりも口を大きく開けて、はっきり「アー」。
「o」日本語の「お」より唇を丸く突き出して「オー」。
「e」日本語の「え」の口をしながら「オー」と言う。
「i／yi」口の端をしっかり左右に引いて「イー」。
「u／wu」日本語の「う」より唇を丸く突き出して「ウー」。
「ü／yu」唇を丸く突き出して、日本語の「ゆ」の口をしながら「イー」と言う。

◎「-n」と「-ng」の違い

発音が「n」で終わる場合、「ン」と発音しながら口を閉じる。「ng」で終わる場合、鼻に声をとおすように口を開けたまま「ンー」と発音する。

◎子音

中国語の子音には、無気音と有気音がある。無気音は、日本語の発音に近く、息はあまり吐かず、自然に声を出す。一方、有気音は、ロウソクの火を吹き消すようなつもりで、勢いよく息を吐きながら発音する。（以下、有気音に（有）をつけた）

「b」（ba）口を閉じてから息を出しながら「バー」。
「p」（pa）口を閉じて息をたくわえ、口の閉じを破るように「パー」。（有）
「m」（ma）口を閉じ、声を鼻にとおす感じで「マー」。
「f」（fa）下唇を噛んで、隙間から「ファー」と強く音を出す。英語の「f」に近い。
「d」（da）舌を上の歯茎につけ、やさしく離しながら「ダー」。
「t」（ta）舌を上の歯茎につけ、息を多めに吐きながら「ター」と強く音を出す。（有）
「n」（na）舌先を上の歯茎につけ、やさしく離しながら「ナー」。
「l」（la）舌先を上の歯茎につけ、強めに離しながら「ラー」。
「g」（ga）息をおさえて、喉から音を出すように「ンガー」。
「k」（ka）日本語の「か」行より息の音を多く出すことを意識して「ッカー」。（有）
「h」（ha）日本語の「は」行より息の音を多く出すことを意識して「ハー」。
「zh」（zhi）奥歯を噛み合わせたまま舌を丸めてそり上げ、隙間から息を漏らすように「ジ」。
「ch」（chi）奥歯を噛み合わせたまま舌を丸めてそり上げ、舌先を一瞬、上あごにつけ、隙間から息を漏らすように「チ」。（有）
「sh」（shi）奥歯を噛み合わせたまま、舌を丸めてそり上げ、隙間から息を漏らすように「シー」
「r」（ri）奥歯を噛み合わせたまま舌を丸めてそり上げ、隙間から息を漏らすように「リー」。実際に聞こえる音は「ジー」のような摩擦音。
「z」（zi）口を横に引き、「ジ」の口をしながら「ズー」。
「c」（ci）口を横に引き、「チ」の口をしながら息を多めに吐いて「ツー」。（有）
「s」（si）口を横に引き、「シ」の口をしながら、歯のすき間から息を出すようにして「スー」。
「j」（ji）口を横に引き、舌を丸めないように平らに保ったまま、「ジー」。
「q」（qi）口を横に引き、舌を丸めないように平らに保ったまま、「チー」。（有）
「x」（xi）口を横に引き、舌を丸めないように平らに保ったまま、「シー」。

入門編　ここから話そう

あいさつをしよう

- ★こんにちは→你好
  nǐ hǎo　ニー ハオ
- ★おはよう→早安
  zǎo ān　ザオ アン
  身近な人には「早 zǎo」ザオ
- ★おやすみ→晚安
  wǎn ān　ワン アン
- ★お久しぶり→好久不見
  hǎo jiǔ bú jiàn
  ハオ ジョウ ブー ジエン

主語を覚えよう

- ★私→我
  wǒ　ウォ
- ★あなた→你
  nǐ　ニー
- ★彼→他
  tā　ター
- ★彼女→她
  tā　ター
- ★私たち→我們
  wǒ mén　ウォ メン
- ★あなたたち→你們
  nǐ mén　ニー メン
- ★彼ら／彼女たち→他們／她們
  tā mén　ター メン
- ★みなさん→大家
  dà jiā　ダー ジア

基本のあいさつ3セット

- ★私の名前は○○です→我叫 ○○
  wǒ jiào ○○　ウォ ジアオ ○○
- ★初めまして→初次見面
  chū cì jiàn miàn
  チューツー ジエンミエン
- ★よろしくお願いします→請多指教
  qǐng duō zhǐ jiào
  チン ドゥオ ジー ジアオ

相づち

（肯定・否定）
- ★そうです→對
  duì　ドゥイ
- ★そうではありません→不對
  bú duì　ブードゥイ

（ある・ない）
- ★あります→有
  yǒu　ヨウ
- ★ありません→沒有
  méi yǒu　メイヨウ

（わかる・わからない）
- ★わかります→知道
  zhī dào　ジーダオ
- ★わかりません→不知道
  bù zhī dào　ブージーダオ

感謝する

- ★ありがとう→謝謝
  xiè xie　シエシエ
- ★どういたしまして→不用客氣
  bú yòng kè qi　ブヨン クァーチ

謝る

- ★すみません→不好意思
  bù hǎo yì si　ブーハオ イース
- ★ごめんなさい→對不起
  duì bu qǐ　ドゥイブ チー
- ★大丈夫→沒問題
  méi wèn tí　メイ ウェンティ
- ★いいよ→沒關係
  méi guān xi　メイ グアンシ

リアクション

- ★そうなの？→是嗎？
  shì ma？　シーマ
- ★なるほど→原來如此
  yuán lái rú cǐ
  ユエンライ ルーツー
- ★マジ？→真的假的？
  zhēn de jiǎ de
  ジェンダ ジアダ

形容詞

形容詞は頭に強調する「很 hěn（ヘン）」を付けて「很＋○」と言うのが自然。

- ★大きい→大（很大）
  dà　ダー
- ★小さい→小（很小）
  xiǎo　シァオ
- ★安い→便宜（很便宜）
  piányi　ピエンイー
- ★高い→貴（很貴）
  guì　グイ

気持ち
- ★嬉しい→開心
  kāi xīn カイシン
- ★幸せ→幸福
  xìng fú シンフー
- ★気持ちいい→舒服
  shū fu シューフ
- ★寂しい→寂寞
  jì mò ジーモー
- ★悲しい→難過
  nán guò ナングオ
- ★恥ずかしい→害羞
  hài xiū ハイシォウ

褒めるとき
- ★可愛い→可愛
  kě ài クァーアイ
- ★綺麗→漂亮
  piào liàng ピアオ リァン
- ★いいね→讚
  zàn ザン
- ★すごい→厲害
  lì hai リーハイ
- ★かっこいい→酷
  kù クー
- ★かっこいい→帥
  shuài シュアイ

疑問詞
- ★何？→什麼？
  shén me？ シェンマ？
- ★どこ？→哪裡？
  nǎ lǐ？ ナーリ？
- ★誰？→誰？
  shéi？ シェイ？
- ★いつ？→什麼時候？
  shén me shí hòu？
  シェンマ シーホウ？
- ★いくら？→多少錢？
  duō shǎo qián？
  ドゥオシャオチエン？
- ★（時間）どのくらい？→多久？
  duō jiǔ？ ドゥオジウ？
- ★どれ？→那一個？
  nà yi ge？ ナー イーガ？
- ★何時？→幾點？
  jǐ diǎn？ ジーディエン？

ものを差すとき
- ★これ→這個
  zhè ge ジェイガ
- ★あれ→那個
  nà ge ナーガ

応用編　シーン別の会話をマスター！

希望を伝える

(基本のパターン)
○○したい→我要(想)○○
wǒ yào (xiǎng)
ウォ ヤオ (シアン)
いつ+我+要(想)+動詞+具体名

(例)
★明日、私は九份に行くつもりだ。
→明天我要去九份
　míngtiān wǒ yào qù jiǔfèn
　ミンティエン ウォヤオ
　チウ ジォウフェン
★今日の夜、小籠包を食べたい。
→今天晚上我想吃小籠包
　jīntiān wǎn shàng wǒ xiǎng chī
　xiǎolóngbāo
　ジンティエン ワンシャン ウォ
　シアン チー シャオロンバオ

◎「要」と「想」の違い
要はその動作をすることがすでに決定している時、想はまだその動作ができるかは決まっていないが希望する時
★これ買います。
　（買うことが決定している）
→我要買這個
★これ欲しいな。
　（まだ買うことが決まっていない）
→我想買這個

好き

(基本のパターン)
○○が好き→我喜歡○○○
wǒ xǐhuān
ウォ シーフアン○○○

○○するのが好き
→我喜歡+動詞+目的語

(例)
★私は映画を見るのが好き
→我喜歡看電影
　wǒ xǐhuān kàn diànyīng
　ウォ シーフアン
　カン ディエンイン

許可をとる

★いいですか？→可以嗎？
　kěyǐma？　カーイーマ？
★いいですよ→可以
　kě yǐ　カーイー
★ダメです→不可以
　bù kě yǐ　ブーカーイー

(例)
★クレジットカード使えますか？
→可以刷卡嗎？
　Kěyǐ shuā kǎ ma？
　カーイー シュアカーマ？
★一緒に写真を撮ってもいいですか？
→可以一起拍照嗎？
　Kěyǐ yìqǐ pāizhào ma？
　カーイー イーチ パイジャオマ？

買い物をする

★袋いりますか？→需要帶子嗎？
　xūyào dàizi ma？
　シューヤオ ダイズマ？
★いります／いりません→要／不要
　yào／bú yào　ヤオ／ブーヤオ

※お店のレジでまず聞かれるのが你有會員卡嗎？(会員カードお持ちですか？)」。そこで「え？」と聞き返しているとグズグズするので、「沒有（ないです）」と答えよう。

レストランで

★一緒にランチを食べに行こう
→一起去吃午飯吧
　yìqǐ qù chī wǔfàn ba
　イーチ チゥ チー ウーファンバ

★食べられないものはありますか？
→你有不敢吃的東西嗎？
　nǐ yǒu bùgǎn chī de dōngxi ma？
　ニー ヨウ ブガン チー ダ ドンシマ？
★私は臭豆腐が食べれません。
→我不敢吃臭豆腐
　wǒ bùgǎn chī chòudòufu
　ウォ ブガン チー チョウドウフ

★何名さまですか？→幾位？
　jǐ wèi　ジーウェイ？
★3人です→3位
　sān wèi　サンウェイ

★予約していますか？
→你有預訂嗎？
　nǐ yǒu yùdìng ma？
　ニー ヨウ ユーディンマ？
★しています→有
　yǒu　ヨウ
★していません→沒有
　méiyǒu　メイヨウ

★おすすめは何ですか？
→推薦是什麼？
　tuí jiàn shì shén me？
　トゥイジエン シーシェンマ？
(あとはメニューを見ながらの指差しでOK！)

銀行で

★日本円を台湾元に換金したいです
→我想日幣換台幣
　wǒ xiǎng rìbì huàn táibì
　ウォ シアン リーピー
　フアン タイピー

チケットを買う

★台中行き1枚→台中 一張
　táizhōng yī zhāng
　タイジョン イージャン
（シンプルイズベスト。この言い方が一番伝わりやすい）
※1枚 = 一張

お別れ

★FACE BOOK をやっていますか？
→你有FB嗎？
　nǐ yǒu「FB」ma？
　ニーヨウ エフビーマ？
★これから日本に帰ります
→我要回日本
　wǒ yào huí rì běn
　ウォヤオ フイリーベン
★バイバイ！→拜拜！
　bai bai　バイバイ
★またね→下次見
　xià cì jiàn　シアツー ジエン
★また東京で会おう→東京見
　dōng jīng jiàn　ドンジンジエン

お礼のメールを送る

★こんにちは。
→嗨　hai
★田中です。
→我叫田中　wǒ jiào tiánzhōng
★先週はお世話になりました。
→上禮拜謝謝你的照顧。
　shàng lǐbài xièxiè nǐ zhào gu
★友達になれてとても嬉しいです。
→我很高興能跟你做朋友
　wǒ hěn gāoxìng néng gēn nǐ zuò
　péng yǒu
★その時撮った写真を送ります。
→我傳那天拍的照片給你。
　wǒ chuàn nàtiān pāi de zhàopiàn
　gěi nǐ
★また会いましょう
→下次再約。xiàcì zài yuē

現地で役立つ 単語リスト

数字

★ 1 → 一　yī　イー
★ 2 → 二／两
　èr／liǎng　アー／リャン（※）
★ 3 → 三　sān　サン
★ 4 → 四　sì　スー
★ 5 → 五　wǔ　ウー
★ 6 → 六　liù　リウ
★ 7 → 七　qī　チー
★ 8 → 八　bā　バー
★ 9 → 九　jiǔ　ジョウ
★ 10 → 十　shí　シー
★ 11 → 十一　shí yī　シーイー
★ 12 → 十二　shí èr　シーアー
★ 13 → 十三　shí sān　シーサン
★ 20 → 二十　èr shí　アーシー
★ 50 → 五十　wǔ shí　ウーシー
★ 100 → 一百　yì bǎi　イーバイ
★ 1000 → 一千　yì qián
　イーチエン
★ 10000 → 一萬　yí wàn
　イーワン

※「1,2,3」と順番を数えるときは「二」、
　ものの数量は「两」を使う

時間

★ 今日 → 今天
　jīn tiān　ジンティエン
★ 明日 → 明天
　míng tiān　ミンティエン
★ 明後日 → 後天
　hòu tiān　ホウティエン
★ 一昨日 → 前天
　qián tiān　チエンティエン

★ 朝 → 早上
　zǎo shàng　ザオシャン
★ 午前 → 上午
　shàng wǔ　シャンウー
★ 正午 → 中午
　zhōng wǔ　ジョンウー
★ 午後 → 下午
　xià wǔ　シアウー
★ 夜 → 晚上
　wǎn shàng　ワンシャン
★ ○時 → ○點
　diǎn　ディエン

★ 先週 → 上禮拜
　shàng lǐ bài　シャンリーバイ
★ 来週 → 下禮拜
　xià lǐ bài　シアリーバイ
★ 先月 → 上個月
　shàng ge yuè　シャンガユエ
★ 来月 → 下個月
　xià ge yuè　シアガユエ
★ 今年 → 今年
　jīn nián　ジンニエン
★ 去年 → 去年
　qù nián　チュニエン
★ 来年 → 明年
　míng nián　ミンニエン

曜日

★ 月曜日 → 禮拜一
　lǐ bài yī　リーバイ イー
★ 火曜日 → 禮拜二
　lǐ bài èr　リーバイ アー
★ 水曜日 → 禮拜三
　lǐ bài sān　リーバイ サン
★ 木曜日 → 禮拜四
　lǐ bài sì　リーバイ スー

★ 金曜日 → 禮拜五
　lǐ bài wǔ　リーバイ ウー
★ 土曜日 → 禮拜六
　lǐ bài liù　リーバイ リウ
★ 日曜日 → 禮拜天（日）
　lǐ bài tiān (rì)　リーバイ ティエン

場所の名前

★ トイレ → 廁所／洗手間
　cè suǒ／xǐ shǒu jiān
　ツァースオ／シーショウ ジエン
★ 電車の駅 → 車站
　chē zhàn　チャージャン
★ MRT（地下鉄）の駅 → 捷運站
　jié yùn zhàn　ジエユン ジャン
★ バスの駅 → 客運站
　kè yùn zhàn　クァーユン ジャン
★ ホテル → 飯店
　fàn diàn　ファンディエン
★ 夜市 → 夜市
　yè shì　イエシー
★ コンビニ → 便利商店
　biàn lì shāng diàn
　ビエンリー シャンディエン
★ 銀行 → 銀行
　yín háng　インハン

食事

★ おいしい → 好吃（食べ物のとき）
　hǎo chī　ハオチー
　→ 好喝（飲み物のとき）
　hǎo hē　ハオフー
★ テイクイン → 內用
　nèi yòng　ネイヨン
★ テイクアウト → 外帶
　wài dài　ワイダイ

★メニュー→菜單
　cài dān　ツァイダン
★お会計→買單／結帳
　mǎi dān／jié zhàng
　マイダン／ジエジャン
★乾杯→乾杯
　gān bēi　ガンペイ

食材
★牛肉→牛肉
　niú ròu　ニウロウ
★鶏肉→雞肉
　jī ròu　ジーロウ
★豚肉→豬肉
　zhū ròu　ジューロウ
★魚→魚
　yú　ユー
★卵→蛋
　dàn　ダン
★チーズ→起士
　qǐ shì　チーシ

飲み物
★紅茶→紅茶
　hóng chá　ホンチャー
★緑茶→綠茶
　lǜ chá　リュウチャー
★ミルクティー→奶茶
　nǎi chá　ナイチャー
★コーヒー→咖啡
　kā fēi　カーフェイ
★豆乳→豆漿
　dòu jiāng　ドウジャン
★コーラ→可樂
　kě lè　カーラー
★ビール→啤酒
　pí jiǔ　ピージョウ

果物
覚えておくとジューススタンドでの注文に、とーっても便利！
★スイカ→西瓜
　xī guā　シーグア
★マンゴー→芒果
　máng guǒ　マングオ
★バナナ→香蕉
　xiāng jiāo　シアンジャオ
★ブドウ→葡萄
　pú táo　プータオ
★レモン→檸檬
　níng méng　ニンモン
★オレンジ→柳丁
　liǔ dīng　リウディン
★パイナップル→鳳梨
　fèng lí　フォンリ
★リンゴ→蘋果
　píng guǒ　ピングオ
★キウイ→奇異
　qí yì　チーイー
★グアバ→芭樂
　bā lè　バーラー
★パパイヤ→木瓜
　mù guā　ムーグア

歴史 lì shǐ

台湾は、島外からやって来る統治者に支配されながら、独自の文化を築いてきた。歴史を知っておくと、現地で見聞きするものへの理解がぐっと深まる。中国大陸との関係や、日本統治時代の出来事を頭に入れることは、台湾人に対する礼儀でもある。

先史時代

1544年	ポルトガル人が台湾を発見	「イラ・フォルモサ！（＝なんと麗しき島！）」と賞賛した。
1593年	豊臣秀吉、台湾に入貢を促す	入貢＝外国から使節が貢物を持って来ること。結果、失敗に終わる。

オランダ・スペイン占領時代

1624年	オランダ、台湾南部を占領
1626年	スペイン、基隆（北部）を占領
1628年	スペイン、淡水（北部）を占領
1642年	オランダ、スペインを北部から追放

鄭氏政権時代

1661年	中国の鄭成功、台湾南部に上陸	・鄭成功は清を滅ぼし、明代を復活させようとする「反清明復」運動のため、拠点を台湾に移し、オランダを追放した。 ・鄭氏は半年後に病に倒れて死没するが、子の鄭経が引き継いで政権は続いた。その後、鄭氏は台湾を開拓した功績から「開山王」とあがめられ、台南に「開山廟」が建てられる。
1683年	鄭氏政権崩壊	清の進攻により、22年間の台湾支配が終わる。

清国時代

1684年	台湾、清国領となる	・福建省の統治下として、台湾府となる。 ・中国大陸沿岸の人々にとって、温暖で土壌の肥えた台湾は魅力的だったため、移住する人が増えた。しかし、移住民同士、先住民対移住民でたびたび争いが生じ、清朝に厳しく取り締まられた。
1874年	日本、台湾出兵	日本の出兵が契機となり、清朝は、治安維持に重点を置いた消極政策から積極政策へ転換。渡航制限の撤廃、行政区画の整理、軍の整備、石炭の採掘などが行われた。
1894年	日清戦争勃発	朝鮮国の甲午農民戦争をめぐって、日清両国の対立が激化し、宣戦布告。

日本統治時代

1895年	4月17日	日清講和（下関）条約締結	日清戦争で日本が勝利したことにより、清国は日本に台湾を割譲。
	5月23日	台湾民主国独立宣言	日本支配に対抗した邱達甲らは、在台の清朝官僚である唐景崧を擁し、独立を宣言したが、短期間で終わる。
	5月29日	日本軍、台湾に上陸開始	
1897年		台湾住民、国籍選択を迫られる	台湾にとどまり日本国籍を取得するか、所有の財産を売却して台湾を去るか、最終選択を迫られる。結果99％が台湾にとどまることに。
1898年		児玉源太郎総督、後藤新平民政長官着任	台湾の地勢・国勢調査、金融機関の確立、交通、通信網、下水道の整備、教育の普及などを行う。
1912年		中国で辛亥革命が起きる	清が消滅し、南京を首都に、孫文を臨時大総統とした中華民国を建国。その直後、袁世凱が革命派と取引をして大総領となり、独裁政治を行う。地位を奪われた孫文は、日本に亡命したあと、1919年、上海を拠点に民主主義革命を目指す中国国民党を樹立。一方、1921年には陳独秀らが中国共産党を成立した。

1923年	皇太子裕仁摂政宮(のちの昭和天皇)が台湾を視察	
1928年	蒋介石、国民政府樹立	中華民国の政権として、国民党の蒋介石を主席とした政権が南京に生まれる。
1930年	霧社事件	大規模な抗日事件。台中の霧社に住む先住民が中心になって、日本の統治に反抗蜂起した。
1940年	皇民化運動(台湾人の日本人化)	日本語使用の徹底、改姓名、志願兵制度、宗教・風俗の改変が行われた。
1942年	陸軍特別志願兵制実施	最初の台湾人志願兵、日本軍に入隊。
1945年	台湾、中華民国に復帰	日本が敗戦し、ポツダム宣言を受諾したことにより、日本軍は武装解除。そのため、蒋介石いる国民党が台湾の行政を引き継いだ。
1947年	二・二八事件	台北市で闇タバコを販売していた本省人(台湾人)に対し、取締の役人が暴行を加えた事件。本省人と外省人(在台中国人)の大規模な抗争に発展した。

台湾国民政府時代

1949年	戒厳令を施行	独裁政策への反発を抑えるため、行政権や司法権を軍隊の権力下に移行し弾圧。
	中華人民共和国が成立。国民政府、台北へ遷都	・国民党は国民政府の首都を南京から台北に移し、台湾が中華民国となる。 ・「犬去りて、豚来たる」という言葉がある。日本統治が終わってやって来た国民党の統治は、劣悪だった。外省人による警察機関は職権を悪用し、賄賂もまかりとおっていた。日本の統治を経験した台湾人は、「犬<日本人>はうるさくても役に立つが、豚<国民党>はただ貪り食うだけ」と嘆いたのだった。
1952年	日本語と台湾語の教学を禁止	
1971年	台湾、国連を脱退	中国、国連に復帰。
1972年	台湾と日本、国交断絶	日本は、日中国交正常化によって、中国と対立関係にある台湾と断交した。
1986年	民主進歩党結成	戒厳令下において、反体制の勢力が結集した最大野党。
1987年	戒厳令を解除	中国大陸への訪問解禁、マスコミの自由化、外貨管理の大幅緩和など、政治・経済両面で大きな変化があった。
1989年	鄭南榕が焼身自殺	週刊「自由時代」編集長、鄭南榕が台湾独立を主張し、焼身自殺した。
1990年	国民党の李登輝が本省人初の総統に	

民主化の時代

1996年	初の国民による総統選挙で李登輝が当選	
1999年	台湾中部大地震	日本官民が支援運動を行う。
2000年	民進党の陳水扁が総統に当選	国民党が初めて野党となる。
	台湾高速鉄道に日本の新幹線導入	
2008年	国民党の馬英九が総統に当選	国民党が8年ぶりに政権を掌握。
2011年	東日本大震災に台湾が義援金を寄付	
2014年	太陽花學運(ひまわり学生運動)	国民党・馬英九政権は、突如として、中国との間で貿易制限を解除し、相互に市場開放と貿易自由化を図る「両岸サービス貿易協定」に調印したことを発表し、台湾民衆は激怒。学生と市民が立法院(日本の国会に相当する機関)を24日にわたって占拠し反対を訴えた。規模としても影響力としても、近年まれに見る学生運動として全世界が注目した。
2016年	民進党の蔡英文が総統に当選	台湾初の女性総統が誕生した。

参考文献
『台湾の歴史―古代から李登輝体制まで』喜安幸夫(原書房)
『台湾の台湾語人・中国語人・日本語人―台湾人の夢と現実』若林正丈(朝日新聞社)
『台湾現代史二・二八事件をめぐる歴史の再記憶』何義麟(平凡社)
『知っていそうで知らない台湾』杉江弘光(平凡社)

台北　大稻埕～中山

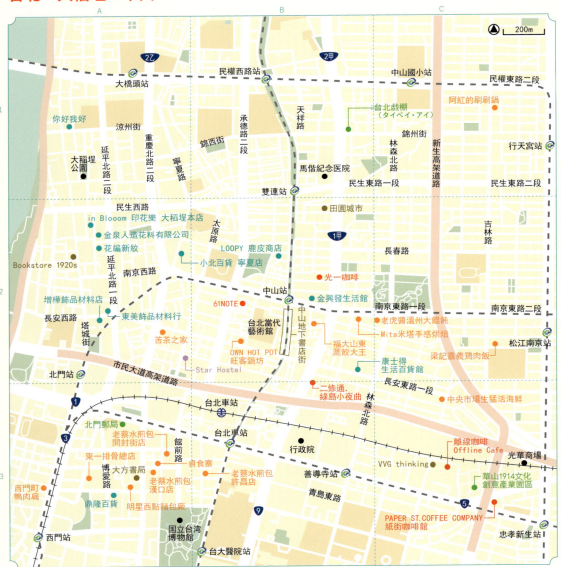

Map P.2

台北　大安區

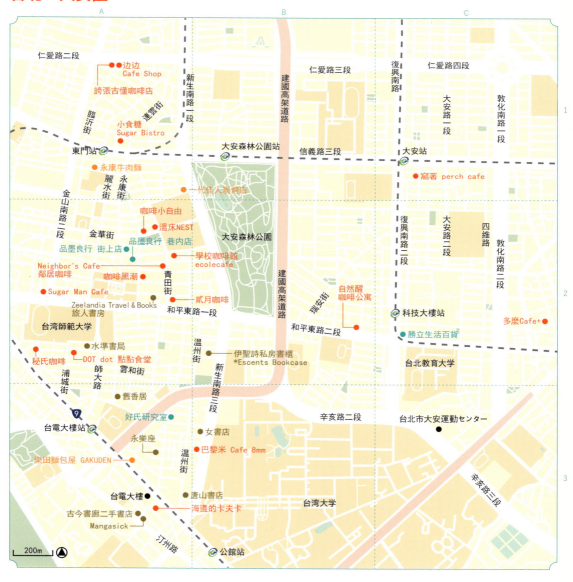

台北 龍山寺～中正紀念堂

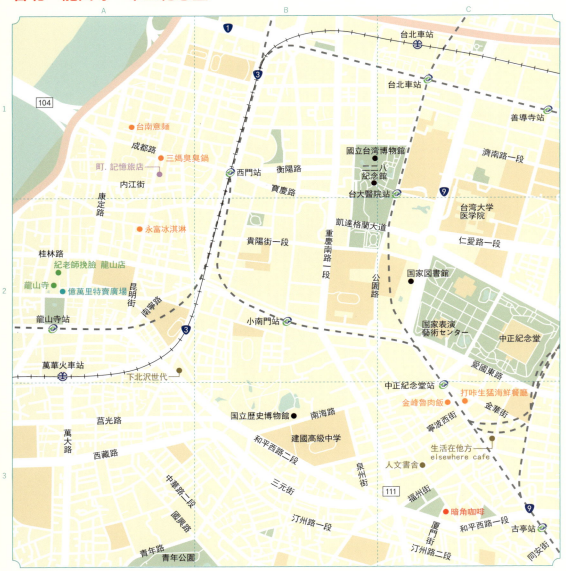

Map P.4

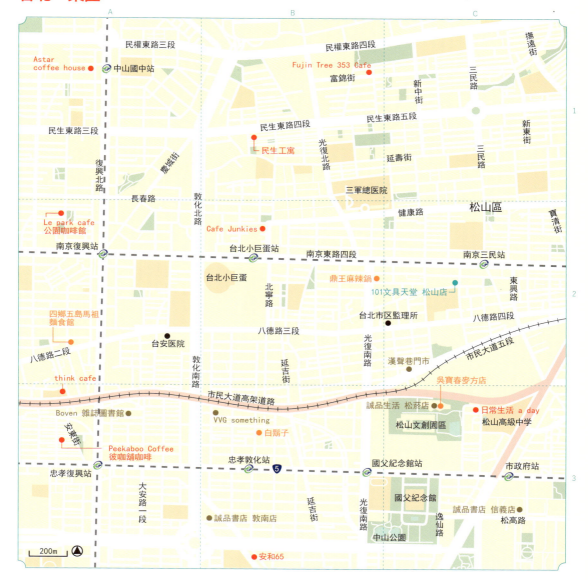

台中 中心部

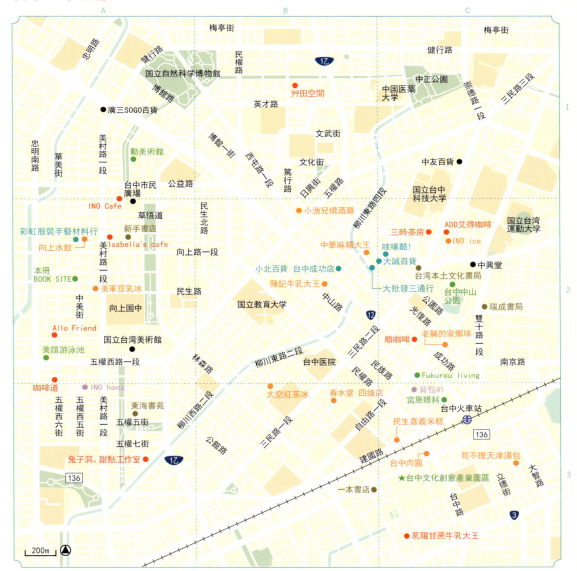

台南

Map P.9

高雄　中心部

高雄　南西部

Map P.11

台東

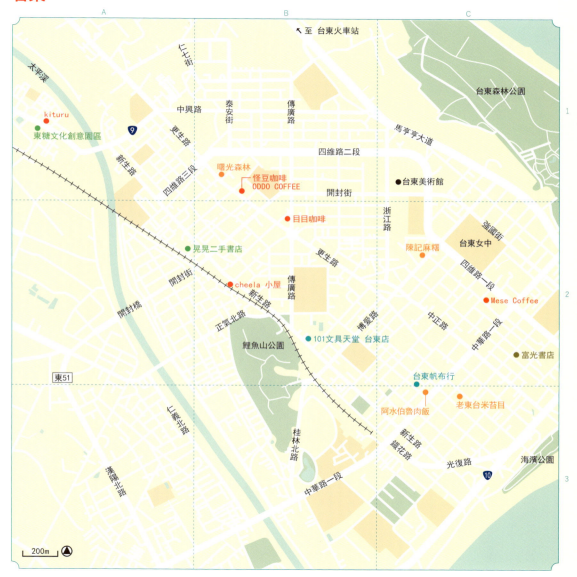

花蓮

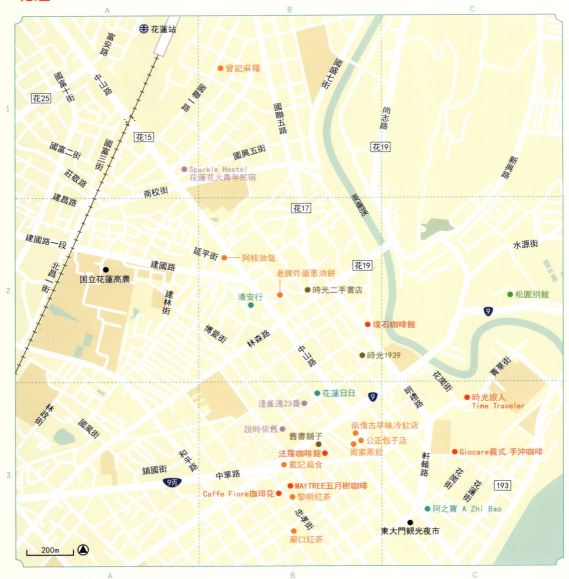

Map P.14